KANN ICH DIE WELT RETTEN?

Katrin Schüppel

Unterrichtsmaterialien
zu verantwortungsvollem Leben
und nachhaltigem Konsum

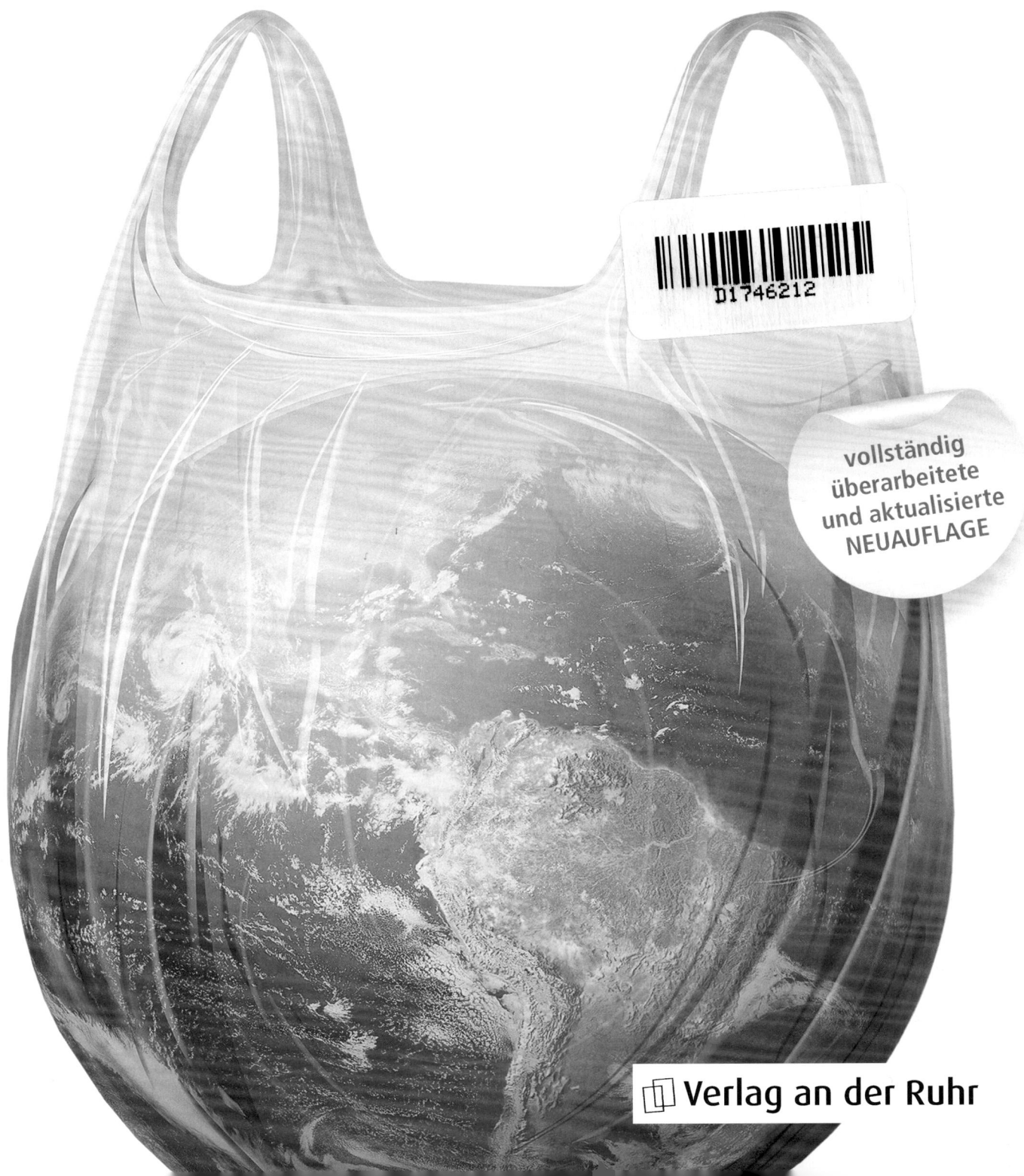

vollständig überarbeitete und aktualisierte NEUAUFLAGE

Verlag an der Ruhr

IMPRESSUM

Titel
Kann ICH die Welt retten?
Unterrichtsmaterialien zu verantwortungsvollem Leben und nachhaltigem Konsum

Autorin
Katrin Schüppel

Umschlagmotive
© malija | fotolia.com (Hintergrund), © al1center | fotolia.com (Weltkugel in Plastiktüte), © Nadalina | fotolia.com (Weltkugel), © Arcady | fotolia.com (Klebezettel), © psdesign1 | fotolia.com (Rettungsring)

Verlag an der Ruhr
Mülheim an der Ruhr
www.verlagruhr.de

Geeignet für die Klassen 8–13

Unser Beitrag zum Umweltschutz:
Wir sind seit 2008 ein ÖKOPROFIT®-Betrieb und setzen uns damit aktiv für den Umweltschutz ein. Das ÖKOPROFIT®-Projekt unterstützt Betriebe dabei, die Umwelt durch nachhaltiges Wirtschaften zu entlasten. Unsere Produkte sind grundsätzlich auf chlorfrei gebleichtes und nach Umweltschutzstandards zertifiziertes Papier gedruckt.

Urheberrechtlicher Hinweis:
Das Werk und seine Teile sind urheberrechtlich geschützt. Jede Verwendung in anderen als den gesetzlich zugelassenen Fällen bedarf der vorherigen schriftlichen Einwilligung des Verlages. Im Werk vorhandene Kopiervorlagen dürfen vervielfältigt werden, allerdings nur für jeden Schüler der eigenen Klasse/des eigenen Kurses. Die dazu notwendigen Informationen (Buchtitel, Verlag und Autor) haben wir für Sie als Service bereits mit eingedruckt. Diese Angaben dürfen weder verändert noch entfernt werden. Die Weitergabe von Kopiervorlagen oder Kopien (auch von Ihnen veränderte) an Kollegen, Eltern oder Schüler anderer Klassen/Kurse ist nicht gestattet.
Der Verlag untersagt ausdrücklich das Herstellen von digitalen Kopien, das digitale Speichern und Zurverfügungstellen dieser Materialien in Netzwerken (das gilt auch für Intranets von Schulen und sonstigen Bildungseinrichtungen), per E-Mail, Internet oder sonstigen elektronischen Medien außerhalb der gesetzlichen Grenzen. Kein Verleih. Keine gewerbliche Nutzung. Zuwiderhandlungen werden zivil- und strafrechtlich verfolgt.

Bitte beachten Sie die Informationen unter www.schulbuchkopie.de

Soweit in diesem Produkt Personen fotografisch abgebildet sind und ihnen von der Redaktion fiktive Namen, Berufe, Dialoge u. Ä. zugeordnet oder diese Personen in bestimmte Kontexte gesetzt werden, dienen diese Zuordnungen und Darstellungen ausschließlich der Veranschaulichung und dem besseren Verständnis des Inhalts.

Trotz sorgfältiger inhaltlicher Kontrolle kann keine Haftung für die Inhalte externer Seiten, auf die mittels eines Links verwiesen wird, übernommen werden. Für den Inhalt der verlinkten Seiten sind ausschließlich deren Betreiber verantwortlich.

---

vollständig überarbeitete und aktualisierte Neuauflage des Titels:
Kann ICH die Welt retten?
verantwortungsvoll leben – clever konsumieren
ISBN 978-3-8346-0452-1

© Verlag an der Ruhr 2017
ISBN 978-3-8346-3544-0

Printed in Germany

INHALTSVERZEICHNIS

Vorwort 4

1. ▷▷ Worum geht es eigentlich?

Schlagzeilen 8
Kann jeder die Welt retten? 9
Philosophische Hintergründe 10
Verantwortung gegenüber Tieren 11
LOHAS – ein Lebensstil 12
LOVOS – einfaches Leben 13
Greenwashing 14

2. ▷▷ Hintergründe und Probleme

Eine Erde für zu viele Menschen? 16
Globale Erwärmung und Klimawandel 17
Umweltprobleme 18
Ressourcen und Rohstoffe 19
Müll 20
Nachhaltigkeit 21
Ökologischer Fußabdruck 23
Persönlicher ökologischer Fußabdruck 24
Ökologischer Fußabdruck nach Ländern 25
Bewertung von Umweltauswirkungen 26
Globalisierung 27
Niedriglohnländer 28
Medikamente für Reiche und Tests an Armen 29
Artensterben 30
Tierschutz 31
Tierversuche 32

3. ▷▷ Essen und Trinken

Ökologische Landwirtschaft 34
Kauf von Bio-Produkten 35
Fairer Handel 36
Obst und Gemüse 37
Drei gute Gründe, weniger Fleisch zu essen 39
Welcher Fisch darf auf den Tisch? 40
Eierziffer und Hühnerglück 41
Milchprodukte 42
Die dunkle Seite der Schokolade 43
Getränke 44
Vegetarier und Veganer 45
Lebensmitteleinkauf 47
Lebensmittelverschwendung 48

4. ▷▷ Körperpflege, Gesundheit, Kleidung und Haushalt

Kosmetika und deren Inhaltsstoffe 50
Problematische Aspekte von Kosmetik 51
Alternativen zur herkömmlichen Kosmetik 52
Blut-, Knochenmark- und Organspenden 53
Impfungen 54
Kleider machen Leute 55
Modemarken 56
Rohstoffe für Kleidung 57
Siegel für saubere und faire Kleidung 59
Wohin mit den Altkleidern 61
Leder und Pelz 63
Der Blaue Engel 64
Handys, Computer und Internet 65
Frischfaserpapier und Altpapier 67
Papier nutzen 68
Leitungswasser 70
Trinkwasser sparen 71
Wäsche waschen 72
Richtig putzen 73
Energiespar-Quiz 75
Den richtigen Strom einkaufen 77
Ökologisch wohnen 78
Ökologische Gartentipps 79
Welcher Müll kommt wohin? 80
Plastikmüll 82
Wegwerfgesellschaft 83

5. ▷▷ Freizeit, Reisen und Engagement

Auf das Auto verzichten 86
Freizeit 87
Verreisen 88
Rollenspiel Skiurlaub 89
Sich engagieren 91
Flüchtlingen helfen 92
Engagement in Jugendgruppen 93
Aktionen von Nichtregierungsorganisationen 94
Menschen im Ausland helfen 95
Geld anlegen 96
Spenden 97
Wie fängt man an? 98

Lösungen 99
Literatur- und Internettipps 107

VORWORT

Lieber Leser[1],

während auf der einen Seite die **„Geiz ist geil-Mentalität"** um sich greift, versuchen auf der anderen Seite immer mehr Menschen, **verantwortungsvoll zu leben**. Ein **nachhaltiger und ökologisch korrekter Lebensstil** ist modern geworden; „Bio-Produkte" und Veganismus haben Hochkonjunktur und das lassen sich viele auch gerne etwas kosten. Doch was gehört alles zu so einem Leben und wie behält man den Überblick? Was bedeuten Auszeichnungen, wie **Bio, Fairtrade** und der **Blaue Engel**, und welche davon sollte man im Ernstfall vorziehen?

Ist es mit „richtig Shoppen" wirklich getan? Und wie shoppt man eigentlich „richtig"? Reicht es aus, immer „Bio" zu kaufen? Das größte Problem in Industrieländern, wie Deutschland, ist schließlich die Menge an Energie und Konsumgütern, die täglich verbraucht werden. Umweltprobleme, Klimawandel und Massentierhaltung sind die Folgen und wer nach dem Motto „weniger ist mehr" lebt, trägt unter Umständen mehr zur **Weltverbesserung** bei, als derjenige, der stets politisch korrekt, aber sehr viel konsumiert.

Ein guter Anfang ist es, sein Leben zu entrümpeln und sein eigenes **Konsumverhalten** zu **reflektieren**. Wer sich Gedanken über einen nachhaltigen Lebensstil macht, wird jedoch schnell feststellen, dass **verantwortungsbewusstes Leben** und ein **nachhaltiges Konsumverhalten** gar nicht so einfach umzusetzen sind. Denn sind Bio-Äpfel aus Peru wirklich gut für die Umwelt oder sollte man lieber die Äpfel aus Deutschland kaufen, die vielleicht nicht vom Bio-Bauern kommen? Pauschale Antworten gibt es hier nur selten. Viele **Jugendliche** möchten nachhaltig und gerecht leben, aber sie wissen häufig nicht, **wo sie anfangen sollen**, bzw. fehlt ihnen in vielen Bereichen auch einfach der Einfluss. Darüber hinaus mangelt es für viele Maßnahmen eines verantwortungsbewussten Lebens auch häufig an Geld.

[1] *Aus Gründen der besseren Lesbarkeit haben wir in diesem Buch durchgehend die männliche Form verwendet. Natürlich sind damit auch immer Frauen und Mädchen gemeint, also Lehrerinnen, Schülerinnen etc.*

Nur die wenigsten können sich einen kompletten Ausstieg aus der Konsumgesellschaft wirklich vorstellen. Ein Verzicht auf Prestigeobjekte bedeutet nämlich nicht nur, dass man weniger arbeiten muss und mehr Zeit für Dinge hat, die einem wirklich Freude machen. Viele Aspekte des bewussten Lebens erfordern auch Zeit und Mühe, wie z. B. der Verzicht auf Fertiggerichte, tierische Produkte, Auto und Wäschetrockner. Möchte man wirklich auf derartigen Komfort zugunsten eines gerechten und nachhaltigen Lebens verzichten? Darüber hinaus stellt sich unweigerlich die Frage **„Kann ICH die Welt retten?"**, d. h. kann ICH mit meinen bescheidenen Mitteln überhaupt dazu beitragen, dass auf dieser Erde gerechter und nachhaltiger gelebt wird? **Ja, ICH kann!**

In früheren Zeiten war es überlebenswichtig, nichts zu verschwenden, Dinge zu reparieren und wertvolle Rohstoffe zu recyceln. In armen Ländern, jenseits unserer **Überflussgesellschaft**, hat sich daran bis heute nichts geändert. Sie gehören nicht zu den Verursachern der Probleme auf unserem Planeten, aber sie leiden erheblich unter den Folgen. So trifft der Klimawandel die tropischen und subtropischen Länder am härtesten und auf den Plantagen, die Produkte für den Weltmarkt produzieren, werden z. B. Pestizide eingesetzt, die die Menschen und Umwelt dort schwer vergiften. Internationale Firmen verlagern im Zuge der **Globalisierung** Arbeitsplätze in die armen Länder, weil die Löhne dort niedriger sind. Obwohl dort, auch mit sehr niedrigen Löhnen, vielen ein menschenwürdiges Leben garantiert werden könnte, werden die Löhne so weit gedrückt, dass auch dies nicht mehr möglich ist.

So arbeiten in den Zulieferbetrieben der großen Bekleidungs- und Sportartikelfirmen Menschen unter katastrophalen Bedingungen, während auf der anderen Seite die um ein Vielfaches höheren Kosten an Werbung die Preise auf den westlichen Märkten in die Höhe treiben. Trotzdem sind nur wenige bereit, auf prestigeträchtige Markenartikel zu verzichten. Natürlich würde es jeder begrüßen, wenn die Arbeiter mehr Geld verdienen würden, denn die hohen Preise für Markenprodukte entstehen nicht durch zu hohe Löhne. Aber was können wir schon daran ändern, dass die Großkonzerne die Arbeiter ausbeuten und das Geld lieber in Werbung investieren?

All das können wir selbst (allein) nicht ändern, aber trotzdem können wir dazu beitragen, dass die Welt ein Stück gerechter wird. **Dazu brauchen wir nicht einmal unser ganzes Leben völlig auf den Kopf zu stellen** und müssen auch nicht in allen Bereichen „ethisch korrekt" leben.

Ob einem nun die weltweite Ungerechtigkeit, die Umwelt, das Klima oder die Tiere, die für Lebensmittel und Konsumprodukte leiden und sterben müssen, am Herzen liegen: Diese Arbeitsmaterialien zeigen die Hintergründe auf und was konkret getan werden kann, um die Welt ein wenig zu verbessern. Mal geht es dabei um Verzicht, mal um Konsum und mal um persönliches Engagement.

Die 2. Auflage des Titels wurde vollständig aktualisiert, überarbeitet und durch neue Themen ergänzt. Dazu gehören z. B. Lebensmittelverschwendung, Handys und Computer oder Flüchtlingshilfe.

Die Arbeitsmaterialien umfassen **Infotexte, Beispiele, Interviews, Tabellen, Abbildungen, Grafiken**[2] und **Tipps** zum schnellen Handeln für alle Konsum- und Lebensbereiche. Bei den Aufgaben auf den Arbeitsblättern stehen **Weiterdenken und Diskussion** im Mittelpunkt. Immer wieder sind die Schüler gefragt, zu überlegen, inwieweit sie das Gelernte in ihrem Leben umsetzen können bzw. möchten.

Im Anhang gibt es einen **Lösungsteil**, mit dem die Aufgaben selbstständig kontrolliert werden können. Für einige Arbeitsaufträge wird ein Zugang zum Internet benötigt. Weiterführende Links sind im Anhang des Buches bei den **Internettipps** aufgeführt.

[2] *In einigen Fällen finden sich bei den Tabellen, Abbildungen und Grafiken in der Literatur unterschiedliche statistische Angaben. In diesen Fällen gehen wir von Durchschnittswerten aus.*

1 ▷▷ WORUM GEHT ES EIGENTLICH?

SCHLAGZEILEN

+++ BIOSPRIT – GUT FÜR DAS KLIMA, SCHLECHT FÜR DIE HUNGERNDEN +++

+++ **Blauer Engel hat Geburtstag** +++

+++ Pestizidrückstände auch in Bio-Rosinen +++

+++ FAIRTRADE EROBERT SUPERMÄRKTE +++

+++ ÖKOSTROMPARTYS SOLLEN ÜBER WECHSEL INFORMIEREN +++

+++ **Qualität von Recycling-Papier besser als ihr Ruf** +++

+++ Hühner leiden auch in Bodenhaltung +++

+++ MENSCHEN KAUFEN BIO DER GESUNDHEIT WEGEN +++

+++ PAPIERVERBRAUCH STEIGT TROTZ COMPUTER +++

+++ **Gefährdete Arten in Koffern von Urlaubern** +++

+++ Überfischung bedroht Ozeane stärker als Verschmutzung +++

+++ PROMINENTE SETZEN AUF AUTOS MIT HYBRIDANTRIEB +++

+++ UMWELTGIFT TRICLOSAN IN UNTERWÄSCHE NACHGEWIESEN +++

+++ **Veganer sind Klimahelden** +++

+++ Immer mehr Händler verzichten auf Pelz +++

+++ MEHRWEG BESSER ALS RECYCLING +++

+++ MARKENSCHUHE UND DUMPINGLÖHNE +++

1. Lest die Schlagzeilen und überlegt gemeinsam, worum es in einem Artikel zu der Schlagzeile gehen könnte.

2. Von welchen der Schlagzeilen fühlst du dich angesprochen, etwas in deinem Leben zu verändern?

3. Fallen dir noch mehr Dinge ein, die zum Thema „verantwortungsvoll leben – nachhaltig konsumieren" passen? Formuliere weitere Schlagzeilen.

4. Hast du selbst schon einmal über das Thema „verantwortungsvoll leben – nachhaltig konsumieren" nachgedacht? In welchen Bereichen haben sich dir Fragen zu diesem Thema gestellt?

KANN JEDER DIE WELT RETTEN?

Wollen denn alle die Welt retten?

Dominik hat irgendwie einen Trend verpennt. Es fing damit an, dass seine Freundin Lena plötzlich aufhörte, tierische Produkte zu essen – nicht nur wegen der armen Tiere, nein, auch wegen des Weltklimas, auch wenn Dominik nicht ganz verstanden hat, was das damit eigentlich zu tun haben soll. Bio-Fleisch sei nicht ganz so schlimm, meint Lenas beste Freundin. Da könnte sie jetzt in der Schulkantine richtig reinhauen, weil da nämlich nur noch Bio-Essen serviert wird. Die Banane zum Nachtisch war sogar Bio, Fairtrade und CO_2-neutral. Als Dominik sich wundert, was das denn bloß soll, erklärt ihm sein Kumpel Max, dass man mit dieser Banane die Welt retten kann, denn für sie wurden weder die Umwelt vergiftet noch arme Menschen ausgebeutet und zum Ausgleich für den Klimaschaden auch noch Bäume gepflanzt. „Welt retten, das ist es also, was plötzlich alle wollen", denkt Dominik. Da ist z. B. sein großer Bruder, der ständig die Heizung abdreht, weil er die Klimakatastrophe verhindern will. Sein kleiner Bruder hat daraufhin mit den Eltern vereinbart, nur noch 2-mal die Woche zu duschen, weil mehr dem armen Klima wirklich nicht zuzumuten sei. Oder sein Freund Benny, der sich weigert, den neuen Freizeitpark zu besuchen, wegen der Naturzerstörung und des ganzen Mülls, der dort anfällt. Stattdessen steht er jeden Samstag in der Fußgängerzone und sammelt für Amnesty International Unterschriften gegen Folter und Todesstrafe. Dominik beschließt, sich ein neues T-Shirt aus Bio-Baumwolle zu leisten. Ob er damit nun bedrohten Tieren, armen Menschen, der Umwelt oder dem Klima hilft, weiß er noch nicht genau, aber das wird er schon noch herausfinden.

Noch zu retten – und wenn ja, von wem?

Umfrage

- Muss die Welt, so wie sie ist, überhaupt gerettet werden?
  ☐ Ja ☐ Nein

- Ist es deiner Meinung nach möglich, die Welt zum Besseren hin zu verändern?
  ☐ Ja ☐ Nein

- Ist es, um die Welt zu retten, wichtig, dass jeder Einzelne sein Leben verändert?
  ☐ Ja ☐ Nein

- Sollte der Staat verantwortungsvolles Leben mit entsprechenden Maßnahmen erzwingen?
  ☐ Ja ☐ Nein

- Findest du, dass du einigermaßen verantwortungsvoll lebst?
  ☐ Ja ☐ Nein

- Könnte es dir Spaß machen, dein Leben stärker daraufhin auszurichten, dass dadurch die Welt verbessert wird?
  ☐ Ja ☐ Nein

1. *Beantwortet alle die Fragen der Umfrage und wertet das Ergebnis mit der gesamten Klasse aus. Worüber seid ihr euch einigermaßen einig und wo gibt es verschiedene Meinungen? Diskutiert die strittigen Fragen.*

2. *Superhelden – Außerirdische – Politiker – Reiche – Prominente – Religiöse – Lehrer – niemand – jeder*
   Wer der oben genannten Gruppen könnte die Welt besser retten als du selbst? Diskutiert in der Klasse.

3. *Sammelt in der Klasse Ideen, warum Dominiks neues T-Shirt aus Bio-Baumwolle dazu beitragen könnte, die Welt zu retten. Stellt eure Ergebnisse dar. Dabei könnt ihr euch selbst überlegen, welche Darstellungsform ihr wählen möchtet.*

PHILOSOPHISCHE HINTERGRÜNDE

Wie sollte man leben?

Manche Dinge, die man tut, erscheinen ganz in Ordnung, wenn es nur um einen selbst geht. So kann es z. B. manchmal vorteilhaft sein, zu lügen, weil man damit möglicherweise unangenehme Folgen der Wahrheit umgehen kann. Wenn man sich aber erst einmal überlegt, dass jeder das tun würde, fällt einem schnell auf, was man besser sein lassen sollte. Denn wer kann schon wollen, dass alle Menschen lügen? Der Philosoph **Immanuel Kant** (1724–1804) war der Meinung, dass Menschen nicht allein zweckgebunden (also aufgrund der Folgen einer Handlung), sondern gemäß eines höheren Gesetzes handeln sollten. Sein „**kategorischer Imperativ**" ist eine wichtige Grundnorm in der Ethik. Er lautet: **„Handle nur nach derjenigen Maxime, durch die du zugleich wollen kannst, dass sie ein allgemeines Gesetz werde."** (Maxime = Leitspruch).

Kant meint damit, dass man sich immer fragen sollte, ob man wollen kann, dass alle Menschen so handeln, wie ich es gerade tun möchte. Er ist der Meinung, dass man sich

Seit der Antike fragen sich Philosophen, wie man am besten leben sollte. **Aristoteles** (384–322 v. Chr.) gilt als Begründer der **Ethik**, der Wissenschaft, die sich damit beschäftigt, was moralisch gut und richtig ist. Er war der Meinung, dass man, um im Leben die richtigen Entscheidungen treffen zu können, eine vernünftige Grundhaltung pflegen müsse, die sogenannte **Tugend**.

immer an einem höheren, allgemeingültigen Gesetz orientieren sollte. Wenn man sich nach diesem Gesetz richte, so wisse man, was ethisch richtig sei. Auch unabhängig von den **Folgen einer Handlung**, könne es richtig sein, sich an diesem allgemeingültigen Gesetz zu orientieren. Eine Handlung dürfe nie nur Mittel zum Zweck sein.

Das **allgemeine Gesetz** schreibt z. B. vor, dass man nicht lügen darf. Deshalb muss man, laut Kant, immer seiner **Pflicht** folgen und dieses Gesetz beachten, auch wenn es in einem besonderen Fall (als Mittel zum Zweck) vielleicht besser sein könnte, zu lügen. Da es Kant aber auf die Folgen einer Handlung überhaupt nicht ankommt, darf man niemals lügen. Laut Kant sollte man immer aus reinem Pflichtgefühl handeln. Seine Ethik bezeichnet man als **deontologisch** (= Pflichtethik).

Jeremy Bentham (1748–1832) ging davon aus, dass jeder Mensch glücklich sein will, und entwickelte das Prinzip des **Utilitarismus**: Jeder sollte so handeln, dass im Vergleich zu anderen Handlungen ein **größtmöglicher Nutzen für alle** entsteht. Das bedeutet ein größtmögliches Glück für eine größtmögliche Anzahl von Menschen. Dies kann in einigen Fällen allerdings auch bedeuten, dass manchen Menschen Schaden zugefügt werden darf, wenn dafür eine größere Gruppe anderer Menschen einen Nutzen hat. Im Extremfall können hier sogar Menschenleben gegeneinander aufgerechnet werden. Der Utilitarismus steht deshalb im Gegensatz zu Kants Pflichtethik.

Immanuel Kant, 1724–1804, Philosoph

1. Welche Probleme auf dieser Welt gibt es, weil nicht entsprechend einem höheren Gesetz, sondern zweckgebunden gehandelt wird?

2. Wie würden Kant und Bentham argumentieren, wenn es darum geht, Fairtrade-Produkte zu kaufen, die den Menschen in armen Ländern höhere Löhne garantieren?

3. Kannst du dir eine Extremsituation vorstellen, in der die ethischen Prinzipien von Kant und Bentham in einem Widerspruch zueinander stehen und man nicht entscheiden kann, welches Prinzip das „bessere" ist?

VERANTWORTUNG GEGENÜBER TIEREN

© crocodile | photocase.com

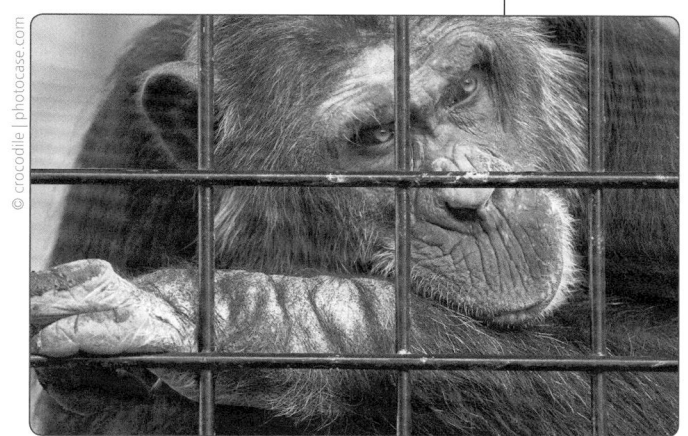

Unsere nächsten Verwandten

Wer Affen beobachtet, dem kommen wohl am ehesten Zweifel, ob die Grenze zwischen Mensch und Tier und der Ausschluss der Tierwelt aus ethischen Überlegungen gerechtfertigt ist. Roger Fouts und sein Team schafften es, einer Gruppe von Schimpansen die Zeichensprache beizubringen und so einen erstaunlichen Einblick in ihre Gedanken und Gefühlswelt zu bekommen.

Die Schimpansin Tatu verkündet den übrigen Familienmitgliedern, gleich sei „Essenszeit“. Sie bekommt jedoch den Hinweis, zunächst aufzuräumen. „Schnell sauber machen, Banane“, treibt sie die anderen Familienmitglieder an. Draußen fällt der erste Schnee. Das erinnert Tatu an das letzte Weihnachtsfest, als ein Weihnachtsbaum aufgestellt wurde, an dem allerlei Essbares hing. „Bonbon Baum“ verlangt sie von ihren menschlichen Freunden. Die müssen sie leider vertrösten, denn noch ist es nicht so weit. „Bonbon Baum, Bonbon Baum“, wiederholt Tatu hartnäckig.
Als sie merkt, dass sie keine Chance hat, lässt sie sich niedergeschlagen auf eine Bank plumpsen und verlangt nach einer „Banane“.

Informationen nach: Fouts, Roger: Unsere nächsten Verwandten, München, 1998.

LINKTIPP

Mehr über die Zeichensprache-Schimpansen unter www.friendsofwashoe.org (englisch)

1. *Wo ist deiner Meinung nach die Grenze dessen, wer oder was in moralische Überlegungen miteinbezogen werden sollte? Müssen Umwelt- und Naturschützer zwangsläufig ein holistisches Weltbild haben?*
2. *Welche Eigenschaften, die normalerweise Menschen zugeschrieben werden, zeigt die Schimpansin Tatu?*
3. *Überlegt in Kleingruppen, welche Rechte man Tieren zugestehen sollte, und legt eine Liste von Tierrechten an. Sollten verschiedene Tierarten auch unterschiedliche Rechte bekommen?*

TIERETHIK, TIERRECHTE UND TIERSCHUTZ

Wer nicht allen Menschen die gleichen Rechte zugesteht, ist ein Rassist. Einige Tierethiker werfen den Menschen die Ungleichbehandlung von Lebewesen aufgrund ihrer Art vor. Die Abgrenzung zwischen den Menschen und den „übrigen“ Tieren erscheint ihnen zu willkürlich. Tierrechtler möchten einige Menschenrechte, wie z. B. das Recht auf Leben, auch Tieren zugestehen. Tierschützer hingegen setzen sich für ein artgerechtes Leben und den Schutz vor unnötigem Leiden von Tieren ein.

Wer oder was sollte überhaupt in moralische Überlegungen miteinbezogen werden? Hier gibt es verschiedene Positionen:

Anthropozentrismus – alle Menschen
Pathozentrismus – alle leidensfähigen Lebewesen
Biozentrismus – alle Lebewesen
Holismus (Physiozentrismus) – die Natur als Ganzes

ISBN 978-3-8346-3544-0 | www.verlagruhr.de

LOHAS – EIN LEBENSSTIL

Die neuen ...

Sie sorgen dafür, dass Bio-Essen auf den Tisch kommt; nicht zuletzt, weil es gesünder ist und mehr Genuss verspricht als herkömmliche Lebensmittel. Zwar wird weder auf das Auto noch auf die Flugreise verzichtet, beim Kauf eines Neuwagens muss jedoch der CO_2-Verbrauch stimmen und bei einer Flugreise wird zum Ausgleich ein Klimaschutzprojekt finanziert. „Geiz ist geil", dieser Spruch käme einem **LOHAS („Lifestyle of Health and Sustainability")** nie über die Lippen. Bei ihm muss alles stimmen – Gesundheit, Genuss, Ästhetik und Verantwortung; und das lässt er sich auch gerne etwas kosten. Der neue ökologisch korrekte und nachhaltige Lebensstil ist irgendwie „in". Bio-Produkte zu kaufen, gilt als „schick". Doch steckt hinter diesem Lebensstil mehr als nur ein Modetrend?

... und die alten Ökos

Sie stricken beim Vorbereitungstreffen zur nächsten Demo Socken aus ungebleichter Schafswolle. Dazu gibt es Brennnesseltee und schrumpelige Äpfel aus einem düsteren Bio-Laden. In Birkenstocksandalen und Schlabberpullover nehmen sie täglich den Kampf mit der Schrotmühle auf. So sieht es aus, das Image der alten Ökobewegung. Alt-Ökos leben in erster Linie verzichtorientiert. Sie bekämpfen die Konsumgesellschaft, indem sie sich ihr verweigern. Der politische Kampf für eine bessere Welt spielt dabei eine wichtige Rolle. Der Einstellung der LOHAS stehen die alten Ökos eher ablehnend gegenüber. Sie glauben nicht, dass man allein durch korrektes Shoppen die Welt retten kann; der Verzicht auf Konsumgüter steht für sie an erster Stelle. Aber ist der alte Ökostil überhaupt noch zeitgemäß oder ist seine Zeit endgültig vorbei?

Die alte Umweltbewegung der 1970er- und 1980er-Jahre hat sicherlich den Weg für die neue Umweltbewegung geebnet. Der Verzicht auf Genuss und der geringe ästhetische Anspruch macht sie jedoch für viele unattraktiv. LOHAS sind keine aufrechten Kämpfer gegen die „böse Konsumgesellschaft", sondern sie versuchen, durch „richtiges" Einkaufen die Welt zu verbessern, ohne dabei jedoch auf einen komfortablen Lebensstil zu verzichten. Sie begreifen sich gleichzeitig als Teil und als Lösung des Problems. Doch ist es möglich, ohne Verzicht ein nachhaltiges und umweltorientiertes Leben zu führen?

Durch korrektes Shoppen die Erde retten – (k)ein Grund für einen Heiligenschein?

Lebensstil (englisch: Lifestyle): Art zu leben. Im Gegensatz zur „Lebensweise" bezieht sich der Begriff „Lebensstil" auf einzelne Menschen und nicht auf ganze Völker. Ein gemeinsamer Lebensstil beruht auf einer ähnlichen Einstellung und bestimmten Aktivitäten, Interessen und Meinungen. Es geht z. B. darum, wie man wohnt oder seine Freizeit verbringt, aber auch um Kleidung und Musikgeschmack.

1. Kennst du Leute, die du den LOHAS oder den Alt-Ökos zuordnen würdest? Was macht sie in deinen Augen zu Vertretern dieser Gruppe? Welcher der beiden Lebensstile passt besser zu deinem eigenen Leben? Welche Einstellung ist dir persönlich sympathischer?

2. Warum präsentieren sich wohl besonders Prominente gerne als LOHAS? Recherchiere im Internet, welche Prominenten sich gerade als LOHAS präsentieren, und überlege, welche Interessen sie dabei verfolgen.

LOVOS – EINFACHES LEBEN

„Viele Menschen benutzen das Geld, das sie nicht haben, für den Einkauf von Dingen, die sie nicht brauchen, um damit Leuten zu imponieren, die sie nicht mögen."
(Walter Slezak, 1902–1983, Schauspieler)

Wir in den westlichen Ländern leben in einer **Überflussgesellschaft**. Uns steht erheblich mehr zur Verfügung, als wir zum Leben brauchen. Das führt auf der einen Seite zu einem enormen **Rohstoff- und Energieverbrauch** mit entsprechenden Folgen für die Umwelt. Auf der anderen Seite bringt es einen gewaltigen Verkaufs- und Webeapparat mit sich, der versucht, die überflüssigen Waren zu verkaufen. Dadurch werden Menschen verunsichert und dazu verleitet, sich in Unwichtigem zu verlieren. Dem gegenüber steht das „einfache Leben". Im Gegensatz zu den konsumorientierten LOHAS wird dafür auch die Bezeichnung **LOVOS („Lifestyle of Voluntary Simplicity")** verwendet.

REGELN FÜR EIN EINFACHES LEBEN

1. Versuche, mit wenig Geld auszukommen, dann brauchst du nicht so viel zu arbeiten und hast Zeit für Dinge, die dir Freude machen.
2. Versuche nicht, anderen zu imponieren, sondern finde für dich selbst heraus, was dein Leben wirklich bereichert.
3. Trenne Wichtiges von Unwichtigem und verbanne alle unnötigen Dinge aus deinem Leben. Das gilt sowohl für Tätigkeiten als auch für Gegenstände, denn auch die brauchen Pflege und beanspruchen deine Zeit.
4. Ziehe stets die immateriellen Freuden den materiellen vor. Dass Geld nicht glücklich macht, ist schließlich eine Binsenweisheit.
5. Behalte den Überblick über dein Leben. Plane deine Zeit und deine Einkäufe. Halte Ordnung und vermeide es, dich berieseln zu lassen.
6. Gönne dir Zeit, um dich auszuruhen und zu besinnen.

1. Welche Werbungen fallen dir ein, die Menschen dazu verleiten, sich in Unwichtigem zu verlieren?
2. Gegen welche Regeln für ein einfaches Leben verstößt „Shopping" als Freizeitbeschäftigung?
3. Suche in deinem Leben Dinge, die dich nicht bereichern, sondern Arbeit machen und dich von Wichtigerem abhalten. Ist es möglich, darauf zu verzichten?

Geschichtliches: *„Geh mir ein wenig aus der Sonne"*, soll der griechische Philosoph Diogenes von Sinope (ca. 391/399–323 v. Chr.), einer der ersten Verfechter des einfachen Lebens, gesagt haben, als der Herrscher Alexander der Große ihm einen Wunsch freistellte.
Diogenes lebte frei von jeglichen materiellen Ansprüchen und wohnte, der Legende nach, in einer Tonne.
Im 13. Jahrhundert breiteten sich über die christliche Welt Bettelorden aus, Mönchsgemeinschaften, die kein Eigentum besitzen durften und ihren Lebensunterhalt teilweise durch Betteln bestritten. In Deutschland vertraten die Wandervogelbewegung (seit 1896) und die Alternativbewegung (seit 1968) Bestandteile des einfachen Lebens.

Diogenes

GREENWASHING

Wenn ein Produkt, ein Unternehmen oder eine Organisation für sich in Anspruch nimmt, besonders umweltfreundlich oder nachhaltig (vgl. S. 21/22) zu sein, ohne dass es hierfür tatsächlich einen Grund gibt, so bezeichnet man das als Greenwashing (sich „grün", also umweltfreundlich waschen). Da heutzutage jeder um ein solches Image bemüht ist, tatsächliche Fortschritte jedoch nicht einfach zu erreichen sind, ist Greenwashing weit verbreitet und nicht immer leicht zu durchschauen.

Greenwashing-Tricks

1. Nichtssagende Aussagen treffen, die sich gut anhören.
2. Schöne Aussagen treffen, aber nicht handeln.
3. Aussagen treffen, die nicht stimmen.
4. Durch missverständliche Aussagen bewusst in die Irre führen.
5. Fotos zeigen, die mit Umwelt oder Nachhaltigkeit in Verbindung gebracht werden, um diesbezüglich positive Gefühle auszulösen.
6. Einzelne umweltfreundliche Eigenschaften hervorheben und die anderen nicht erwähnen.
7. Hervorheben, dass man etwas tut, obwohl man aufgrund der Gesetzeslage keine andere Wahl hat.
8. Ein eigenes Siegel erfinden, dessen Bedingungen entweder wenig Aussagekraft haben oder nur durch das eigene Unternehmen kontrolliert werden und daher nicht nachweisbar sind.

Greenwashing-Beispiele:

a) Bei einem Hof-Verkauf werden Kartoffeln aus kontrolliertem Anbau angeboten. Es handelt sich dabei jedoch nicht um Bio-Kartoffeln aus kontrolliert ökologischem Anbau.
b) Ein Joghurt-Hersteller wirbt damit, dass der neue Becher aus einem besonders umweltverträglichen Material besteht. Ökobilanzen kommen jedoch zu dem Ergebnis, dass das Material keinerlei Vorteil gegenüber dem Material von herkömmlichen Joghurtbechern bietet.
c) Ein Müsli wird damit beworben, aus der Wiege der reinen Natur zu stammen.
d) Ein Toilettenpapierhersteller hat seine Produkte, die im Übrigen nicht aus Recyclingpapier bestehen, mit einem selbst erfundenen Siegel versehen, das besagt, dass seine Produkte tropenholzfrei sind.
e) Ein Eierproduzent wirbt mit den neuen geräumigeren Käfigen für seine Legehennen. Ohne die neuen Käfige hätte er jedoch gar keine Eier mehr produzieren dürfen, weil die alten, sehr engen Käfige inzwischen gesetzlich verboten wurden.
f) Ein Stromkonzern nimmt für sich in Anspruch, sich für das Weltklima einzusetzen, und hat sogar eine Unterschriftenaktion zur Rettung desselben gestartet. Seinen Umsatz macht das Unternehmen zum überwiegenden Teil mit klimafeindlichem Kohlestrom.
g) Das neue Modell eines Autoherstellers verbraucht insgesamt und im Vergleich zu anderen Autoherstellern sehr viel Benzin und die Abgaswerte sind auch vergleichsweise hoch. Der Hersteller wirbt damit, dass die Sitzbezüge aus Bio-Baumwolle sind.
h) Eine Milchverpackung zeigt grasende Rinder auf einer sonnigen Wiese. Tatsächlich kommt die Milch von Kühen, die das ganze Jahr über im Stall gehalten werden.

1. Ordne die Greenwashing-Tricks, den Greenwashing-Beispielen zu.
2. Worauf muss man achten, wenn man nicht auf Greenwashing hereinfallen möchte?
3. Welche Werbung hast du im Verdacht, dass sie Greenwashing betreibt?
4. Begib dich im Internet unter dem Stichwort „Greenwashing" auf die Suche nach weiteren konkreten Fällen.

2 ▷▷ HINTERGRÜNDE UND PROBLEME

EINE ERDE FÜR ZU VIELE MENSCHEN?

Seit dem Jahr 2011 gibt es über 7 Milliarden Menschen auf der Erde. Die Bevölkerung wächst und jede Sekunde kommen 2–3 Menschen hinzu. Wie viele Menschen in diesem Moment auf der Erde leben und der wievielte du davon bist, kannst du im Internet nachschauen www.dsw.org/unsere-themen/weltbevoelkerung/.

Bevölkerungsentwicklung

2011 –	7 Milliarden
1999 –	6 Milliarden
1987 –	5 Milliarden
1974 –	4 Milliarden
1960 –	3 Milliarden
1927 –	2 Milliarden
1804 –	1 Milliarde

Leben zu viele Menschen auf der Erde?

„Nein" Die Erde kann noch mehr Menschen ernähren, als derzeit auf ihr leben. Probleme wie Hunger und Armut könnten durch bessere Verteilung der Nahrungsmittel durch eine bessere Politik vermieden werden.

„Gut wäre, wenn Mamas Gemüseauflauf demnächst in Afrika anstatt bei uns zu Hause serviert würde."

„Ja" Die Menschen brauchen nicht nur Land, um sich zu ernähren. Sie bedienen sich bei der Natur, indem sie Rohstoffe abbauen und Fischfang betreiben, und sie verursachen Müll und verschmutzen die Umwelt. Es braucht viel mehr Platz als der, der den Menschen derzeit zur Verfügung steht, damit sich die Erde davon erholen kann und wir auf Dauer so weiterleben können.

„Mag sein, dass es viele überflüssige Menschen auf der Erde gibt. Ich gehöre jedenfalls nicht dazu!"

1. Bis zum Jahr 2050 wird die Weltbevölkerung auf etwa 10 Milliarden Menschen ansteigen. Was kannst du über die Geschwindigkeit, mit der die Bevölkerung wächst, sagen?
2. Was könntest du den Kindern mit den Sprechblasen auf ihre Einwände antworten?
3. Bildet Kleingruppen und gestaltet eine Collage zu dem Thema: Was wird knapp, wenn zu viele Menschen auf der Erde leben?

„Das kommt drauf an" In industrialisierten Ländern wird ein sehr aufwändiger Lebensstil gepflegt. Würden alle Menschen auf der Erde so leben, würde der Platz auf der Erde schon lange nicht mehr ausreichen. Bei einem bescheidenen Lebensstil, wie in ärmeren Ländern, könnten mehr Menschen auf dieser Erde leben.

„Ich will aber nicht so leben wie ein armes Kind in Afrika. Ich glaube auch, die wollen eher so leben wie ich!"

GLOBALE ERWÄRMUNG UND KLIMAWANDEL

Die Temperatur steigt

Seit einigen Jahrzehnten **steigt die Temperatur der Erde**. Das liegt daran, dass der Mensch, zusätzlich zum natürlichen Anteil an Treinhausgasen, weitere **Treibhausgase** in die Atmosphäre entlässt. Das wichtigste Treibhausgas ist **Kohlendioxid (CO_2)** und die wichtigste Quelle ist die Verbrennung von **fossilen Brennstoffen**, wie Kohle, Erdgas und Erdöl. Pflanzen, besonders Wälder, binden CO_2 und ziehen es aus der Atmosphäre. In den Tropen werden jedoch zunehmend Wälder abgeholzt, um sie in Weide- und Ackerland zu verwandeln, wodurch zusätzlich CO_2 frei wird. **Methan**, das zweitwichtigste Treibhausgas, kommt zu einem großen Teil aus der Landwirtschaft und entweicht Rindermägen und dem Reisanbau.

Zwischen 1880 und 2012 stieg die globale Temperatur um 0,85 °C. Bis 2100 wird ein Temperaturanstieg zwischen 1,4 und 4,8 °C gegenüber 1880 erwartet. Die globale Erwärmung hat schlimme Folgen, die sich bereits jetzt bemerkbar machen. Der **Meeresspiegel steigt** und bedroht im Südostpazifik ganze Inselstaaten. **Polareis und Gletscher schmelzen**, teilweise mit schlimmen Folgen für die Trinkwasserversorgung. **Extreme Wetterereignisse**, wie Hitze, Stürme und Starkregen, nehmen zu. Die armen Länder der Tropen sind darüber hinaus von **Dürre** bedroht und werden insgesamt stärker unter dem **Klimawandel** leiden als die Industrieländer des Nordens. Bei der UN-Klimakonferenz in Paris am 12.12.2015 wurde beschlossen, den globalen Temperaturanstieg auf höchstens 2 °C, wenn möglich 1,5 °C (ggenüber 1880), zu begrenzen. Das ist nicht einfach zu erreichen, denn dann dürfte jeder Mensch weltweit nur noch 2,3 t CO_2 pro Jahr verursachen. Hier in Deutschland verursachen wir derzeit jedoch pro Kopf durchschnittlich die 4-fache Menge.

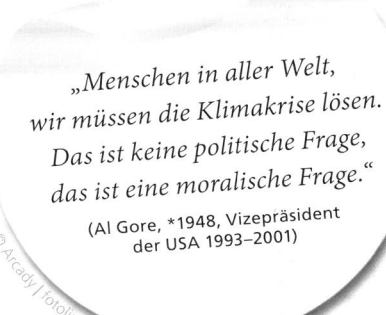

„Menschen in aller Welt, wir müssen die Klimakrise lösen. Das ist keine politische Frage, das ist eine moralische Frage."
(Al Gore, *1948, Vizepräsident der USA 1993–2001)

1. Man unterscheidet zwischen Maßnahmen, die dazu dienen, die globale Erwärmung zu vermindern (Klimaschutz), und solchen, die dabei helfen, die negativen Auswirkungen zu verhindern (Klimaanpassung). Erkläre, was die beiden Strategien in Hinblick auf die globale Erwärmung und die Gesellschaft bedeuten.

2. Recherchiere im Internet, wie hoch die Pro-Kopf-Emissionen in verschiedenen Ländern sind. Welche Länder liegen ungefähr bei der erlaubten Menge von 2,3 t pro Jahr? Welche Länder haben die höchsten Pro-Kopf-Emissionen. Welche Länder liegen deutlich unter 2,3 t pro Kopf?

UMWELTPROBLEME

Industrie, Verkehr und Landwirtschaft verursachen eine Vielzahl von **schädlichen Substanzen**. Sie sind am Arbeitsplatz, in den Produkten selbst und in Luft, Wasser und Boden zu finden. Viele schädigen den Menschen direkt und lösen z. B. Atemwegserkrankungen, Krebs oder Allergien aus. Andere verursachen **Umweltschäden**, die sich nur indirekt auf den Menschen auswirken. Die Regierungen legen **Grenzwerte** fest, bei deren Überschreitung Maßnahmen eingeleitet werden müssen. So werden z. B., aufgrund der hohen **Feinstaubbelastung, Umweltzonen** eingerichtet, in denen nur abgasarme Fahrzeuge fahren dürfen. Die Grenzwerte sind jedoch oft recht willkürlich festgelegt und gelten nicht in allen Ländern gleichermaßen. So sind die Grenzwerte für Pflanzenschutzmittel in der Landwirtschaft **(Pestizide)** in Spanien bis zu 10-mal höher als hierzulande. Dennoch geraten die Produkte auf den deutschen Markt.

Eines der größten und folgenreichsten Probleme ist die globale Erwärmung, verursacht durch CO_2-Ausstoß, insbesondere bei der Energieerzeugung. Ein besonderes Problem stellen zudem **radioaktive Abfälle** von Kernkraftwerken dar. Sie verursachen noch nach Hunderttausenden von Jahren gefährliche Strahlung. Es gibt bislang jedoch noch kein einziges Endlager, wo der Abfall so sicher liegt, dass zukünftige Generationen langfristig davor geschützt sind. Auch **Lärm** gilt als Umweltbelastung, da er in vielerlei Hinsicht gesundheitsschädlich ist. Durch die zunehmende **Bebauung von Flächen** verändern sich der Wasserhaushalt sowie das lokale Klima und Lebensräume von Tieren und Pflanzen werden vernichtet. In den Tropen und Subtropen wird durch **Abholzung und Überweidung** die Zerstörung und Abtragung von Böden und die Ausbreitung von Wüsten **(Desertifikation)** gefördert.

Im Jahr 2015 kam heraus, dass der VW-Konzern bei vielen seiner Autos die Abgaswerte gefälscht hat, um die Grenzwerte einzuhalten. Der Trick: In den Autos lief eine Software, die erkannte, ob sich der Wagen auf dem Prüfstand befand. In diesem Fall war die Abgasaufbereitung so optimiert, dass sehr wenige Abgase entstanden, im Normalbetrieb produzierten die Autos jedoch das Vielfache.

1. Schreibe einen kurzen Steckbrief zu einem Umweltgift. Informiere dich darüber im Internet oder in der Schulbibliothek. Folgende Angaben sollten enthalten sein: *Name – Quelle – Wirkung auf den Menschen – Wirkung auf die Umwelt – Maßnahmen zur Verhinderung*

2. *Im Falle des Ozonlochs ist es vermutlich gelungen, ein globales Umweltproblem zu lösen. Welche Maßnahmen haben dazu geführt? Recherchiere im Internet.*

RESSOURCEN UND ROHSTOFFE

Natürliche Ressourcen

Eine **natürliche Ressource** oder ein **Rohstoff** ist etwas, das auch unverarbeitet einen Wert für den Menschen besitzt. Dazu gehören Bodenschätze, wilde Tiere und Pflanzen, Wasser, Boden, Luft, Erholungsräume und alle Formen der erneuerbaren Energie, wie z. B. Wind oder Erdwärme. Viele Ressourcen werden vom Menschen zu stark beansprucht.

Primärrohstoffe sind unverarbeitete Rohstoffe. **Sekundärrohstoffe** sind Rohstoffe, die durch Recycling aus bereits verarbeiteten Quellen zurückgewonnen werden. So werden Plastikgegenstände entweder direkt aus Erdöl oder aus recyceltem Plastik der gelben Tonne hergestellt. **Regenerative Ressourcen** erschöpfen sich nicht, wenn sie genutzt werden. Das ist z. B. bei Sonnen- und bei Windenergie der Fall. Dazu gehören auch **nachwachsende Rohstoffe**. Das sind Produkte, die aus der Forstwirtschaft oder der Landwirtschaft stammen und die zur Herstellung von Gütern oder zur Energieerzeugung genutzt werden, wie z. B. Bauholz, Baumwolle oder Bio-Kraftstoff.

Derzeit ist Erdöl noch der wichtigste Rohstoff und der Schmierstoff der Weltwirtschaft. Doch die Vorräte reichen vermutlich nur noch einige Jahrzehnte.

Zu den beliebtesten Rohstoffen der Welt gehören die seltenen Erden, wie z. B. Tantal. Es gibt zwar durchaus noch seltenere Rohstoffe, aber diese Metalle sind unentbehrlich, wenn es um elektronische Produkte, wie Handys und Computer, aber auch Hybridautos und Windräder geht. Man bezeichnet sie deshalb auch als das Erdöl der Zukunft. Die größten bislang bekannten Vorkommen an seltenen Erden liegen in China. Das Land wäre demnach in Zukunft wichtiger als Saudi-Arabien, wo die größten Erdölvorräte liegen.

1. *Bildet Arbeitsgruppen mit zwei bis drei Schülern. Findet gemeinsam zehn regenerative Ressourcen und zehn Ressourcen, die nicht erneuerbar sind. Überlegt auch, wozu die jeweiligen Ressourcen benötigt werden, und schreibt es in Klammern dahinter.*

2. *Überlege dir ein Beispiel für einen Fall, in dem auch ein nachwachsender Rohstoff knapp werden könnte.*

3. *Nenne ein Beispiel, wo eine Ressource nicht nur durch übermäßige Nutzung, sondern auch durch Umweltverschmutzung bedroht ist.*

4. *Was kann man tun, wenn eine Ressource knapp wird?*

MÜLL

Im 19. Jahrhundert kam ein durchschnittlicher Haushalt noch mit 150 Gegenständen aus, heute sind es etwa 20 000.

LEBEN IM MÜLL

Etwa 6 000 Menschen leben auf Bantar Gebang, einer riesigen Mülldeponie in Indonesien. Barfuß und ohne Mundschutz durchsuchen sie von morgens bis abends den Müll nach etwas, das sich zu Geld machen lässt. Sie leiden unter Atemwegserkrankungen, Ausschlag und Durchfall. Ihr Dorf liegt mitten im Müll und das Wasser, welches sie trinken, ist verseucht. Rund um den Globus leben Menschen wie diese über Generationen auf und von dem Müll.

Deponie

1. *Gebt jeder in der Klasse einen Tipp ab, wie viel Kilogramm Haushaltsmüll jeder Deutsche pro Jahr entsorgt. Wer liegt am nächsten dran? (Auflösung im Lösungsteil)*

2. *Beurteile die drei Wege des Mülls unter dem Aspekt „Klimaschutz".*

3. *Warum steht Müllvermeidung an erster und Wiederverwendung (z. B. von Pfandflaschen) an zweiter Stelle der Dinge, die man tun sollte?*

Wege des Mülls

Recycling: Recycling bedeutet, dass aus Abfall wieder ein Rohstoff wird, ein sogenannter Sekundärrohstoff. Recyceln lassen sich Papier, Glas, Metall, Kunststoffe, Holz und organische Abfälle. Das spart Rohstoffe, Energie und Geld. Die Materialien müssen dazu vom Verbraucher selbst oder in Sortieranlagen getrennt werden.

Müllverbrennung: Bei der Müllverbrennung wird, mit wenigen Ausnahmen, die im Müll enthaltene Energie zum Heizen (Müllheizwerk) oder zur Stromerzeugung (Müllkraftwerk) genutzt. Das Problem bei der Müllverbrennung sind die Gifte in den Abgasen, wie z. B. Dioxin. Weil die Zusammensetzung des Mülls variiert, ist auch die Vielfalt der Abgase nicht wirklich bekannt und nicht für jedes von ihnen ein Grenzwert definiert. Rückstände, wie Schlacken und Aschen, werden auf Deponien gelagert, zur Auffüllung stillgelegter Minen benutzt oder im Straßenbau verwendet.

Deponierung: Eine Deponie ist eine Anlage, in der Abfälle so gelagert werden, dass sie die Umwelt möglichst wenig schädigen. In Deutschland dürfen Abfälle nicht unsortiert deponiert werden. Auf Mülldeponien entsteht giftiges Sickerwasser. Sie müssen daher aufwändig abgedichtet und das Wasser aufgefangen und behandelt werden. Darüber hinaus sind sie Quelle des hochwirksamen Treibhausgases Methan.
Nach der Schließung werden Deponien meist rekultiviert und begrünt.

NACHHALTIGKEIT 1/2

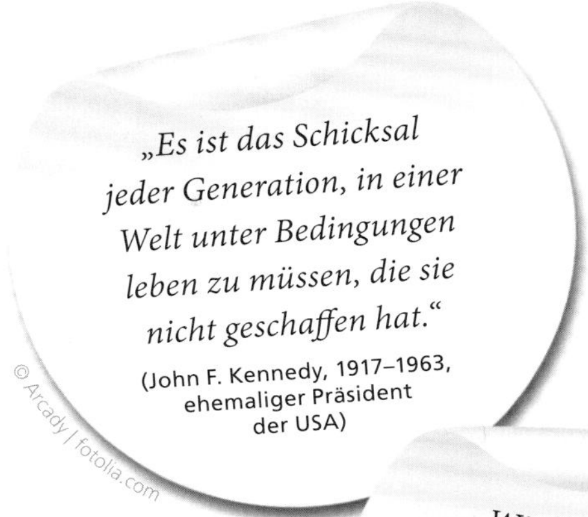
„Es ist das Schicksal jeder Generation, in einer Welt unter Bedingungen leben zu müssen, die sie nicht geschaffen hat.“
(John F. Kennedy, 1917–1963, ehemaliger Präsident der USA)
© Arcady / fotolia.com

Nachhaltigkeit bedeutet, ein natürliches System so zu nutzen, dass es in seinen wesentlichen Merkmalen erhalten bleibt. Eine nachhaltige Entwicklung ist erreicht, wenn die Menschen ihre Bedürfnisse so befriedigen, dass zukünftige Generationen ihre Bedürfnisse auf demselben Niveau befriedigen können.

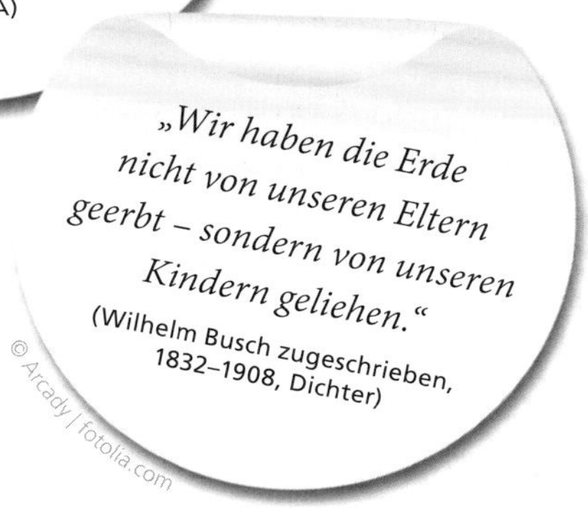
„Wir haben die Erde nicht von unseren Eltern geerbt – sondern von unseren Kindern geliehen.“
(Wilhelm Busch zugeschrieben, 1832–1908, Dichter)
© Arcady / fotolia.com

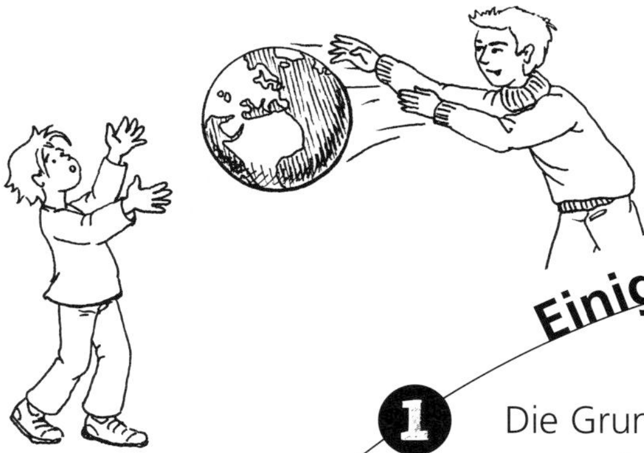

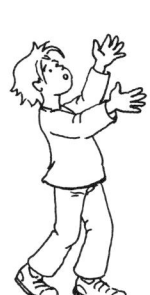

Einige Aspekte von Nachhaltigkeit

1. Die Grundbedürfnisse der Armen haben Priorität vor anderen Bedürfnissen.
2. Erneuerbare Ressourcen sollten mehr in Anspruch genommen werden, jedoch nur so stark, dass sie sich regenerieren können.
3. Nicht erneuerbare Ressourcen sollten ersetzt oder in ihrer Produktivität so stark gesteigert werden, dass ihr Gesamtverbrauch rückläufig ist.
4. Es sollten keine Schulden gemacht, sondern von den Erträgen des Kapitals gelebt werden.
5. Der Eintrag von Schadstoffen darf die Möglichkeiten der Umwelt, diese zu verarbeiten, nicht überschreiten.
6. Auf Technologien und Produkte, deren Langzeitfolgen nicht abschätzbar sind, muss verzichtet werden.
7. Verhältnissen, in denen soziale Spannungen auftreten, muss entgegengewirkt werden.
8. Der Begriff Nachhaltigkeit sollte nicht zum Modewort verkommen und nicht einfach anstelle von „dauerhaft“ verwendet werden.

ISBN 978-3-8346-3544-0 | www.verlagruhr.de

NACHHALTIGKEIT 2/2

A DÜNGEMITTEL AUS DER LANDWIRTSCHAFT LASSEN SEEN UMKIPPEN

B NAHRUNGSMITTELKNAPPHEIT UND HUNGER IN ARMEN LÄNDERN DURCH ZU VIEL FLEISCHKONSUM IN REICHEN LÄNDERN

C GLOBALISIERUNG VERSCHÄRFT SOZIALE GEGENSÄTZE

D ÜBERFISCHUNG DER MEERE STELLT GRÖSSTE BEDROHUNG FÜR DIE MEERESUMWELT DAR

E NACHHALTIG ABNEHMEN MIT DER NEUEN ZWIEBELSCHALEN-DIÄT!

F WELTVERBRAUCH AN ERDÖL STEIGT. VORRÄTE REICHEN NUR NOCH WENIGE JAHRE

G IMMER NOCH KEIN ENDLAGER FÜR RADIOAKTIVE ABFÄLLE IN SICHT

H STAATSVERSCHULDUNG NIMMT WEITER ZU

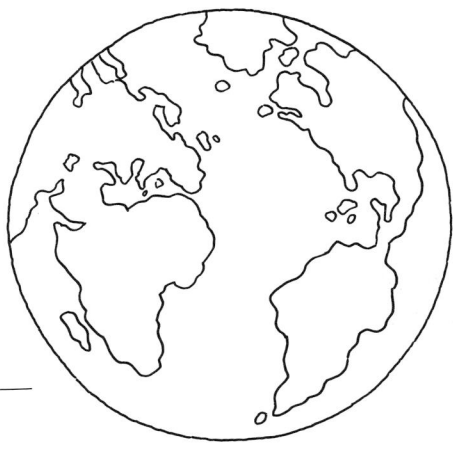

1. Ordne jedem Aspekt von Nachhaltigkeit (S. 21) die Schlagzeile zu, die den entsprechenden Grundsatz verletzt.
2. Fallen dir noch weitere Beispiele ein, wo nicht nachhaltig gehandelt wird?
3. Diskutiert in der Klasse, ob es tatsächlich ein Schicksal ist, unter den Bedingungen zu leben, die man nicht geschaffen hat, oder ob heranwachsende Generationen das Recht haben, eine nachhaltige Entwicklung einzufordern? Wie könnte man ein solches Recht in Form eines Gesetzes festlegen?

ÖKOLOGISCHER FUSSABDRUCK

Die **Erdoberfläche** ist 51 Milliarden Hektar* groß. Nur ein Teil der Wasser- und Landfläche kann jedoch vom Menschen produktiv genutzt werden. Diese Fläche wird als **Bio-Kapazität** bezeichnet. Offene Ozeane, Sand- und Eiswüsten sind davon ausgeschlossen. Der **ökologische Fußabdruck** ist die Fläche, die tatsächlich genutzt wird, und die **Energiefläche**, die benötigt wird, um die globale Erwärmung zu verhindern. Andere langfristige Schädigungen der Bio-Kapazität, z. B. durch Umweltgifte, fließen derzeit noch nicht in die Berechnung mit ein, da sie schwer abzuschätzen sind. Auch werden keine Flächen für wilde Tiere reserviert.

*1 Hektar entspricht 10 000 m^2

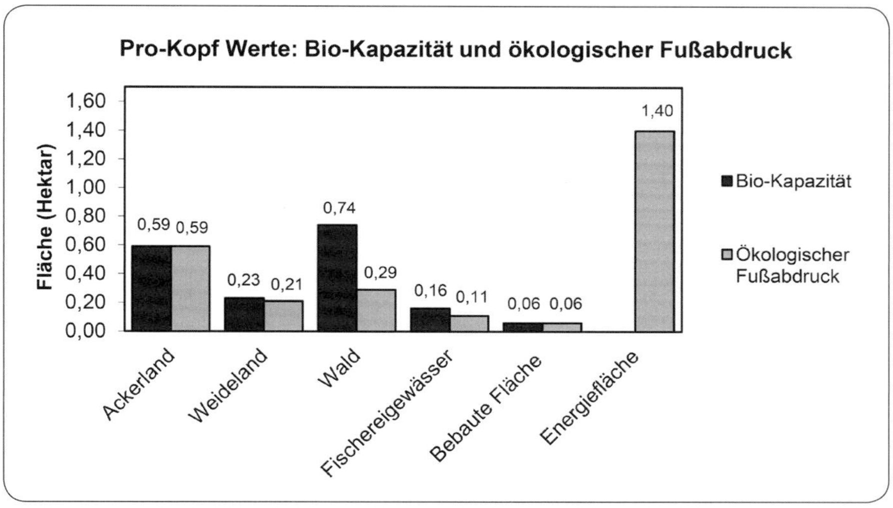

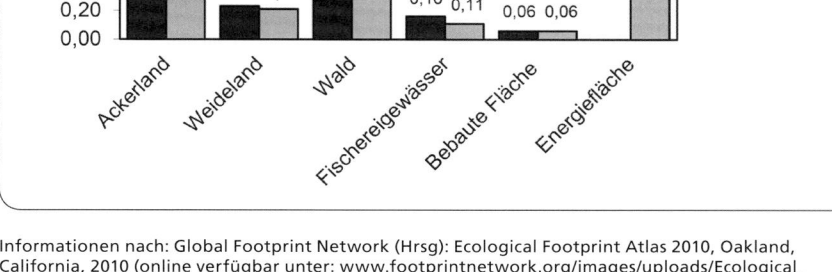

Informationen nach: Global Footprint Network (Hrsg): Ecological Footprint Atlas 2010, Oakland, California, 2010 (online verfügbar unter: www.footprintnetwork.org/images/uploads/Ecological_Footprint_Atlas_2010.pdf; die Version von 2010 ist die aktuellste momentan verfügbare Version [Anm. d. Red.])

Ackerland: Nahrungsmittel, Viehfutter, Bioenergie, Pflanzenfasern für Kleidung und Gebrauchsgegenstände

Weideland: Tiere zur Fleisch-, Woll-, Milch und Lederproduktion und Grasland zur Ernte von Viehfutter

Wald: Feuerholz, Holzprodukte, Papierprodukte

Fischereigewässer: Fisch und andere Meeresprodukte

Bebaute Fläche: Wohnen, Transportwege, Industrie, Gewerbe, öffentliche Gebäude, Energieproduktion, Müllentsorgung (Bio-Kapazität = potenzielles Acker-, Weide-, oder Waldland)

Seit etwa 1980 ist der ökologische Fußabdruck der Erdbevölkerung größer als die Bio-Kapazität der Erde.

1. Rechne aus, wie viel Bio-Kapazität einem Menschen im Durchschnitt zur Verfügung steht und wie viel er davon nutzt.

2. In welchen Bereichen ist die Bio-Kapazität bereits überschritten?

3. Wie viel Energiefläche kann durch Wald ausgeglichen werden?

Energiefläche

Beim Verbrauch fossiler Energie (Kohle, Erdöl, Erdgas) wird das **Treibhausgas Kohlendioxid** frei. Es führt dazu, dass sich die Erde erwärmt. Wenn Pflanzen, insbesondere Wälder, heranwachsen, binden sie Kohlendioxid aus der Luft und wirken so der globalen Erwärmung entgegen. Die Energiefläche ist die Waldfläche, die benötigt wird, um den Treibhausgasausstoß durch den Menschen auszugleichen.

2 ▷▷ HINTERGRÜNDE UND PROBLEME

PERSÖNLICHER ÖKOLOGISCHER FUSSABDRUCK

Der eigene Fußabdruck

Die Schüler der Klasse 8b sollen im Internet ihren ökologischen Fußabdruck berechnen. „Meiner ist bestimmt ganz normal", denkt Leon. Er ist ein Einzelkind und wohnt zusammen mit seinen Eltern in einem Häuschen am Stadtrand. „Wir heizen zwar mit Öl, aber Mama kauft nur Bio und achtet darauf, dass Licht und Computer immer ausgeschaltet sind, wenn man sie nicht mehr braucht." Das Ergebnis überrascht ihn: 5,5 Hektar, mehr als der deutsche Durchschnitt. Über zweieinhalb Planeten würde man für eine Weltbevölkerung aus lauter Leons brauchen. Das liegt bestimmt an der Flugreise nach Florida, denkt er. Paula freut sich. Bei ihrer Familie wird Umwelt großgeschrieben. Sie sind Vegetarier, beziehen Ökostrom, der Müll wird getrennt und es kommt nichts ins Haus, was nicht aus ökologischem Anbau stammt. Im Winter tragen sie dicke Pullover und heizen nur so viel wie nötig. Paulas Fußabdruck beträgt nur 3,8 Hektar. „Du brauchst aber immer noch mehr, als die Erde hergibt", lästert Leon. „Schau mal, fast 1,8 Planeten." „Bei mir sind es bestimmt 10", denkt Marvin. „Bio-Lebensmittel und Ökostrom, das ist doch viel zu teuer." Doch da war er wohl etwas zu pessimistisch. Immerhin ist sein Fußabdruck mit 4,2 Hektar deutlich kleiner als der eines Durchschnittsdeutschen. Dass er ein Zimmer mit seinem Bruder teilt, weil die Wohnung so klein ist, und sie außerdem kein Auto besitzen, hat sich hier ausnahmsweise mal als Vorteil erwiesen. „Wenn wir weniger heizen und ich jeden Tag nur noch eine Minute dusche, habe ich vielleicht sogar einen kleineren Fußabdruck als Paula, die alte Streberin", denkt er fröhlich.

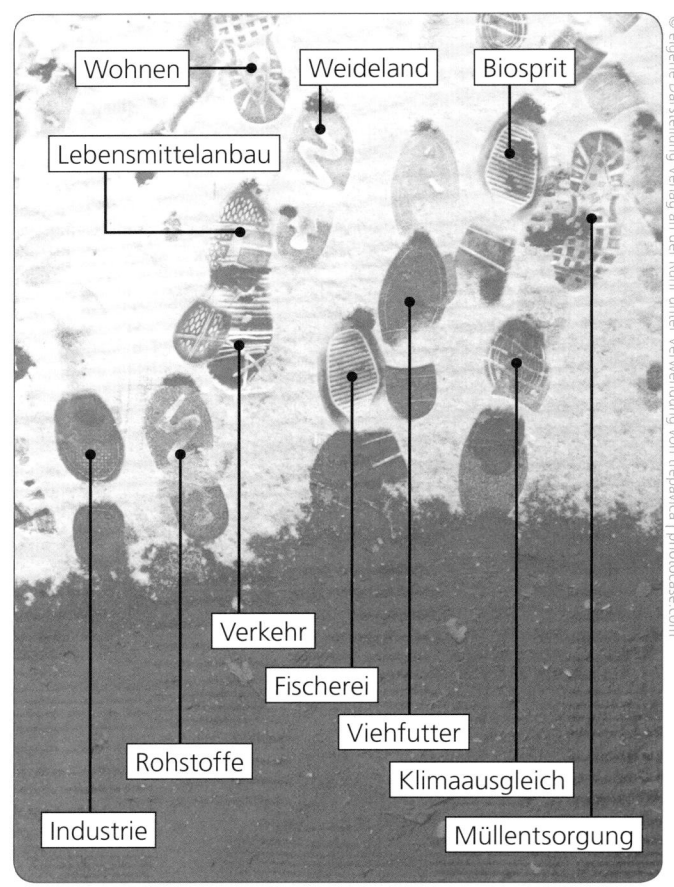

Zusammensetzung des ökologischen Fußabdrucks

Der ökologische Fußabdruck eines Menschen ist die Fläche, die notwendig ist, um den Lebensstil eines Menschen dauerhaft zu ermöglichen.
Wir leben über unsere Verhältnisse: Um seinen Lebensstil dauerhaft zu sichern, stehen jedem Menschen dieser Erde 1,8 Hektar zur Verfügung. Derzeit beträgt der durchschnittliche ökologische Fußabdruck jedoch 2,7 Hektar. Gäbe es auf der Erde nur Afrikaner, so wäre auch noch für mehr Menschen Platz. Für eine Weltbevölkerung mit dem Fußabdruck von Nordamerikanern würde man hingegen über fünf Planeten benötigen. Der durchschnittliche Fußabdruck eines deutschen beträgt 5,1 Hektar.

---

1. *Berechnet eure eigenen ökologischen Fußabdrücke im Internet unter www.footprint-deutschland.de/inhalt/berechne-deinen-fussabdruck. Rechnet aus, wie groß der durchschnittliche ökologische Fußabdruck eurer Klasse ist. Liegt ihr über oder unter dem deutschen Durchschnitt von 5,1 Hektar?*

2. *Lege eine Tabelle mit zwei Spalten an. Schreibe in die eine Spalte, an welchen Dingen, die deinen ökologischen Fußabdruck beeinflussen, du selbst etwas ändern kannst, und in die andere, an welchen Dingen du nichts ändern kannst. Rechne dann aus, wie stark du deinen ökologischen Fußabdruck verkleinern könntest.*

ÖKOLOGISCHER FUSSABDRUCK NACH LÄNDERN

Die ökologischen Fußabdrücke sind von Land zu Land sehr unterschiedlich. In reichen Ländern leben nur 15 % aller Menschen, sie tragen jedoch 45 % zum gesamten ökologischen Fußabdruck der Weltbevölkerung bei. Nur sehr wenige dieser Länder verfügen über ausreichend Bio-Kapazität in ihrem eigenen Land. In der Regel nutzen sie die Bio-Kapazität ärmerer Länder mit kleineren Fußabdrücken mit, indem sie z. B. Rohstoffe importieren.

Ökologische Fußabdrücke ausgewählter Länder

	Gesamt	Ackerland	Weideland	Wald	Fischereigewässer	Bebaute Fläche	Energiefläche
Australien	6,84	0,64	1,78	1,12	0,16	0,02	3,11
Bangladesch	0,62	0,33	0,00	0,07	0,02	0,07	0,13
Brasilien	2,91	0,72	0,93	0,57	0,16	0,10	0,43
China	2,21	0,53	0,11	0,15	0,12	0,09	1,21
Deutschland	5,08	1,25	0,21	0,61	0,13	0,19	2,70
Großbritannien	4,89	0,87	0,37	0,61	0,13	0,15	2,87
Indien	0,91	0,39	0,00	0,12	0,02	0,05	0,33
Kenia	1,11	0,28	0,28	0,30	0,06	0,04	0,15
Kroatien	3,75	0,81	0,07	0,63	0,08	0,34	1,81
Peru	1,54	0,50	0,49	0,19	0,02	0,08	0,26
Russland	4,41	0,89	0,10	0,53	0,13	0,03	2,72
Saudi-Arabien	5,13	0,96	0,20	0,24	0,16	0,07	3,50
Togo	0,97	0,31	0,09	0,37	0,06	0,02	0,11
Türkei	2,70	0,96	0,08	0,29	0,06	0,07	1,24
USA	8,00	1,08	0,14	1,03	0,10	0,07	5,57

Informationen nach: Global Footprint Network (Hrsg): Ecological Footprint Atlas 2010, Oakland, California, 2010 (online verfügbar unter: www.footprintnetwork.org/images/uploads/Ecological_Footprint_Atlas_2010.pdf; die Version von 2010 ist die aktuellste momentan verfügbare Version [Anm. d. Red.])

1. Markiere die Länder, deren ökologischer Fußabdruck pro Einwohner oberhalb der verfügbaren Reserve von 1,8 Hektar liegt. Rechne für das Land mit dem kleinsten und für das Land mit dem größten ökologischen Fußabdruck jeweils aus, auf wie viele Menschen die Weltbevölkerung ansteigen dürfte bzw. sinken müsste, wenn alle so leben würden wie die Menschen in diesem Land. Lege dabei eine Weltbevölkerung von 7 Milliarden Menschen zugrunde.

2. Gibt es grundsätzliche Unterschiede zwischen armen und reichen Ländern, was die Zusammensetzung des ökologischen Fußabdruckes betrifft?

BEWERTUNG VON UMWELTAUSWIRKUNGEN

Zu Besuch bei einer alten Dame

Es war einmal eine alte Dame. Sie hatte Geburtstag und bekam Besuch von ihren beiden erwachsenen Söhnen. Jeder überreichte ihr einen Strauß Rosen. „Ach Kinderchen, das wäre doch nicht nötig gewesen", sagte sie. „Blumen zu dieser Jahreszeit, denkt doch mal an die Ökobilanz." „Fairtrade und Bio, frisch aus Kenia", trumpfte der Ältere der beiden auf. „Oh je, all diese Flugkilometer, das arme Klima." Die alte Dame wurde ganz traurig. „Meine sind aus Deutschland", sagte der Jüngere, um sie aufzuheitern. Das klappte jedoch nicht, denn sie rief: „Gewächshausblumen – was meint ihr, was da im Winter geheizt wird, und dann noch die Pestizide." „Jetzt lass uns doch endlich Kaffee trinken", schlug der ältere Sohn vor. „Es gibt Tee", kündigte die Mutter an. „Stellt euch vor: Eine Tasse Tee verbraucht nur 35 Liter virtuelles Wasser, eine Tasse Kaffee hingegen 140 Liter." Während der Ältere noch überlegte, ob man sich virtuelles Wasser wohl von einem Computer herunterladen könne, maulte der Jüngere: „Ich mag aber keinen Tee", und schaute auf seine Uhr. „Ich glaube, ich muss sowieso gleich wieder gehen." „Wusstest du, dass der ökologische Rucksack von deiner Uhr etwa zwölfeinhalb Kilo schwer ist", gab die alte Frau zu bedenken. „Das könntest du kaum tragen." „Ich habe keinen Ökorucksack, ich trage nur Aktentaschen", rief der Sohn verzweifelt und wurde dabei richtig laut. „Ist schon gut, Schätzchen", flüsterte die Dame und strich ihm über den Rücken. „Ich weiß ja, du musst viel arbeiten. Immer fleißig für das Ökosozialprodukt." „Brutto – es heißt Bruttosozialprodukt", wollte der ältere Sohn einwenden, doch dann besann er sich eines Besseren. Seiner Mutter zu widersprechen, hatte sich schon immer als völlig sinnlos erwiesen.

Bei einer **Ökobilanz** werden die Umweltauswirkungen eines Produktes von der Entnahme der Rohstoffe bis hin zur Müllentsorgung analysiert. Der **ökologische Rucksack** zeigt, wie viel Kilogramm Material der Natur für Herstellung, Gebrauch und Entsorgung eines Produktes entnommen wurden. Energie wird dabei in Kilogramm Brennmaterial umgerechnet. **Virtuelles Wasser** ist die Menge an Wasser, die zur Herstellung eines Produktes aufgewendet wird. Beim **Ökosozialprodukt** geht es um die Erfassung der negativen Folgen und Kosten, die das Wirtschaftswachstum mit sich bringt.

1. Formuliere fünf Fragen, die du beantworten musst, um eine Ökobilanz für dein Lieblings-T-Shirt zu erstellen.

2. Warum wird der ökologische Rucksack einer Jeans im Laufe ihres „Lebens" immer schwerer?

GLOBALISIERUNG

Globalisierungskritik

Aus wirtschaftlicher Sicht ist die Globalisierung zu begrüßen. Sie hat jedoch keineswegs zu der erhofften Beseitigung von Armut geführt. Im Gegenteil, die **Kluft zwischen Arm und Reich** hat sich in den letzten Jahrzehnten immer stärker vertieft. **Globalisierungskritiker** bemängeln, dass sich für viele Menschen die Situation verschlechtert, weil das Selbstbestimmungsrecht der Staaten durch global agierende Konzerne untergraben wird. Statt unregulierter Öffnung der internationalen Märkte fordern Globalisierungskritiker daher eine demokratische Kontrolle, im Hinblick auf Gerechtigkeit, Menschenrechte und eine ökologisch nachhaltige Entwicklung. Die bekannteste globalisierungskritische Organisation ist „attac", aber auch viele andere Verbände üben Kritik.

Als **Globalisierung** bezeichnet man die zunehmende **internationale Verflechtung in Wirtschaft, Gesellschaft und Kultur**. Der Grund dafür sind zum einen geringere Transport- und Kommunikationskosten sowie Technologien, wie das Internet. Zum anderen tragen internationale Abkommen über freien Handel und der Wegfall von Handelsschranken, wie Zöllen, dazu bei. Weltweit agierende Unternehmen (Global Player) können so die Bedingungen in den verschiedenen Ländern, wie z. B. Lohnkosten oder Steuern, zu ihren Gunsten nutzen.

Beispiele für Globalisierung:
- Deine Kleidung ist, bevor sie bei dir als ihrem Käufer gelandet ist, durch viele Länder gereist, in denen die einzelnen Produktionsschritte durchgeführt wurden.
- Deine Speisekarte ist mit Produkten und Gerichten aus fernen Ländern bunter geworden. Obst und Gemüse, was hier gerade keine Saison hat, kommt dann woanders her.
- Du kannst schneller und billiger reisen und auch in fernen Ländern Kurzurlaube machen.
- Du kannst vom Sofa aus weltweite Kontakte schließen und z. B. mit einem Indonesier ein Computerspiel spielen.
- Firmen verdienen mehr Geld mit Finanzgeschäften als mit der Herstellung von Gütern und beeinflussen so die weltweite Wirtschaft.
- Über weltweite Verflechtungen ist es möglich, dass in den Philippinen Näherinnen arbeitslos werden, weil in Iowa in den USA Menschen ihre Häuser nicht abbezahlen konnten.
- Von dem, was du in Deutschland verbrauchst, wird das allermeiste in fernen Ländern hergestellt.
- Waren sind preisgünstiger geworden, weil die Herstellungsfirmen die billigen Arbeitskräfte in anderen Ländern nutzen können.
- Wenn irgendwo auf der Welt etwas Wichtiges passiert, erfährst du es innerhalb von Sekunden.

Unter den 100 größten Wirtschaftsmächten befinden sich mehr Konzerne als Staaten. Microsoft-Chef Bill Gates verfügt über so viel Kapital, wie die 31 ärmsten Länder zusammengenommen.

1. *Lies die Beispiele für die Globalisierung. Begründe, welche Entwicklungen in deinen Augen gut und welche schlecht sind.*
2. *Warum ist es ein Problem, wenn Konzerne durch die Globalisierung weltweit mehr Geld und Macht erlangen als Regierungen?*
3. *Besuche die Webseite von attac (www.attac.de). Fasse zusammen, mit welchen Themen sich die Organisation derzeit im Einzelnen beschäftigt.*

Geld regiert die Welt.

NIEDRIGLOHNLÄNDER

++ AUSBEUTUNG ++

Die Arbeiter

Für ein Paar Turnschuhe, die hier 100 Euro kosten, bekommt eine Näherin in Südostasien durchschnittlich 40 Cent. Sie ist nicht versichert und kann von dem Lohn, der ihr gezahlt wird, nicht leben. Ihre Kinder müssen arbeiten, um das Familieneinkommen aufzubessern. Würde sie das Doppelte verdienen, könnte sie in ihrem Land angemessen leben und ihre Kinder in die Schule schicken.

Informationen nach: Werner, Klaus/Weiss, Hans: Das neue Schwarzbuch der Markenfirmen, Ullstein, 2006.

Die Konzerne

Für einen weltweit tätigen Konzern sollen Turnschuhe produziert werden. Die Auftragsvergabe erfolgt per Auktion über das Internet. Der Einkäufer gibt den Höchstpreis pro Schuhpaar an. Nach einer Stunde ist der Preis von einem südostasiatischen Zulieferbetrieb weit unter die Erwartungen des Einkäufers gedrückt worden. Der freut sich. Er weiß, dass der Zulieferbetrieb bei diesem Preis unter einen enormen Druck gerät. Er wird jedoch dafür bezahlt, dass er nicht mehr bezahlt als notwendig.

Die **Globalisierung** erlaubt es den großen Unternehmen, dort zu produzieren, wo es am billigsten ist. Das sind meist die Länder mit besonders niedrigen Löhnen. Sobald es irgendwo zu teuer ist, wird die Produktion in ein anderes Land verlagert. Wenn die Unternehmen darauf angesprochen werden, dass die Löhne nicht ausreichen, um ein menschenwürdiges Leben zu führen, argumentieren sie, es sei die Sache des Staates, höhere gesetzliche Mindestlöhne einzuführen. Gesetzliche Mindestlöhne sollen garantieren, dass die Menschen von ihrer Arbeit auch leben können. In Deutschland gibt es seit 2015 den gesetzlichen Mindestlohn. Als er eingeführt wurde, drohten die Unternehmen mit Entlassungen und mit der Verlagerung der Produktion ins Ausland.

„Unerhörte Geldbeträge braucht man für die Arbeitskräfte! Lohn ist nichts als Armenpflege und verdirbt nur die Geschäfte."
(Quelle: Kästner, Erich: Bei Durchsicht meiner Bücher, München, 1989, S. 161.)

1. Was würde geschehen, wenn die Staaten höhere Mindestlöhne festsetzen oder die Zulieferbetriebe darauf bestehen würden, nur zu dem Preis zu produzieren, bei dem sowohl die Löhne stimmen als auch die sozialen und ökologischen Standards?

2. Was sollte seitens der Konzerne getan werden, um dafür zu sorgen, dass der Lohn und die Arbeitsbedingungen in den Zulieferbetrieben stimmen?

3. Ergänze das Gedicht von Erich Kästner um einen weiteren Vers zum Thema Lohn. Nimm die Texte auf dieser Seite als Anregung.

HINTERGRÜNDE UND PROBLEME

MEDIKAMENTE FÜR REICHE UND TESTS AN ARMEN

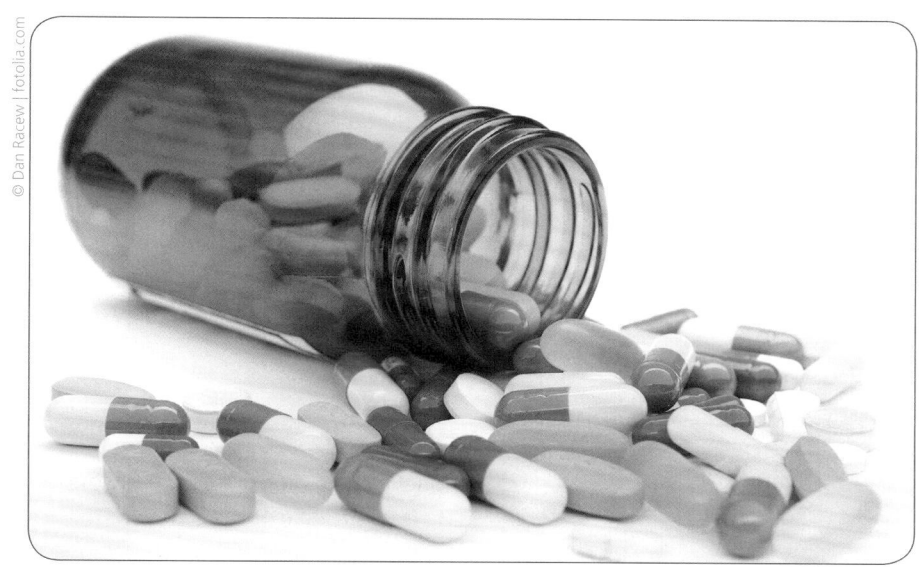

Nur wenn zahlungskräftige Kundschaft vorhanden ist, ist die Pharmaindustrie interessiert, neue Medikamente zu entwickeln.

Etwa 35 Millionen Menschen sind mit der unheilbaren Immunschwächekrankheit **Aids** infiziert. Weltweit sind das weniger als 1 % aller Menschen, in einigen Ländern Afrikas jedoch bereits ein Viertel. Wer in einem Industrieland erkrankt, kann mit Medikamenten so gut behandelt werden, dass er ein normales Leben führen und sehr lange überleben kann. In armen Ländern sterben jedoch viele Menschen einen frühen und grausamen Aids-Tod, weil sie nicht behandelt werden. Bis zum Jahr 2002 waren Aids-Medikamente viel zu teuer, um in armen Ländern zur Anwendung zu kommen. Auf Druck senkten die Pharmaunternehmen die Preise, doch erst die noch billigeren Nachbauten (Generika) der teuren Medikamente ermöglichten eine effektivere Aids-Bekämpfung. In den **Industrieländern** verhindert der **Patentschutz** auf Medikamente den Nachbau von neuen Wirkstoffen und in internationalen Handelsabkommen wurden die armen Länder gezwungen, dies auch zu verbieten. Das verhindert, dass neue und wirksame Medikamente dort zum Einsatz kommen können.

So werden Krankheiten, bei denen eine **zahlungskräftige Kundschaft** fehlt, vernachlässigt, auch wenn jedes Jahr sehr viele Menschen daran sterben. Forschung zu Potenz-, Haarwuchs- und Abspeckmitteln macht sich hingegen bezahlt.
Das Medikament Eflornithine sollte ursprünglich der Krebsbekämpfung dienen, erwies sich für diesen Zweck jedoch als nutzlos. Andererseits zeigte es sich äußerst wirksam bei der Bekämpfung der tödlichen Schlafkrankheit, die in Afrika verbreitet ist. Weil sie jedoch meist Arme betrifft, die sich eine entsprechende **Behandlung nicht leisten können**, gab der Aventis-Konzern die Produktion als unrentabel auf. Das Interesse erwachte erst wieder, als sich herausstellte, dass der Wirkstoff sich als Enthaarungscreme für Frauen eignen könnte.

Beliebt sind die armen Länder hingegen, wenn es um das **Austesten** von Medikamenten geht. Dort lassen sich für wenig Geld Testpersonen finden und die Kontrolle der Sicherheitsbestimmungen und ethischen Richtlinien wird oft nicht so streng ausgeübt wie in den Industrieländern. Immer mehr Pharmaunternehmen führen ihre Studien deshalb im Ausland durch. In den Industrieländern hingegen werden **Krankheiten** oft **aufgebauscht**, um den Gebrauch von Medikamenten und damit die Gewinne zu steigern. Viele Menschen glauben, bei jeder noch so kleinen Unpässlichkeit zu einem Medikament greifen zu müssen, auch wenn die meisten Krankheiten nach einer Weile von ganz allein wieder verschwinden.

1. Erkläre, wofür die Pharmaindustrie die armen Menschen in Entwicklungsländern benötigt und wofür sie die reichen Menschen in Industrieländern benötigt.

2. Ist es nur ein Problem der armen Länder, wenn die Pharmaindustrie verhindert, dass Aids dort wirksam bekämpft werden kann?

3. Diskutiert in der Klasse, welche Vor- und Nachteile die folgenden Versuche haben, gegen die beschriebenen Ungerechtigkeiten vorzugehen: Boykott von Pharmaunternehmen, Briefe an Pharmaunternehmen schreiben, Spenden an Hilfsorganisationen, Aufklärungsarbeit bei anderen Menschen betreiben.

ARTENSTERBEN

Arten: Gemeinschaften von Lebewesen, die sich unter natürlichen Bedingungen fortpflanzen und fruchtbare Nachkommen erzeugen.

Etwa …

… 1 Milliarde Arten gab es im Verlauf der Erdgeschichte.
… 15 Millionen Arten gibt es heutzutage.
… 1,5 Millionen Arten sind bekannt.

Der **Nordkaper-Wal** verfängt sich häufig in Fischernetzen und stößt mit Schiffen zusammen. Weil es nur noch wenige gibt, ist die Gesundheit der Bestände durch Inzucht gefährdet.

Die **McCords Schlangenhalsschildkröte** ist vom Aussterben bedroht, weil sie gesammelt wurde, um die Nachfrage von Hobby-Reptilienhaltern zu befriedigen.

Gelber Enzian ist gefährdet, weil seine Wurzeln zur Herstellung von Medikamenten und Branntwein gesammelt werden.

Artenschutz

23 892 der bekannten Tier- und Pflanzenarten sind weltweit offiziell vom Aussterben bedroht und standen 2016 auf der **„Roten Liste gefährdeter Arten"**, die jährlich herausgegeben wird. Dass Arten aussterben und durch neue ersetzt werden, ist, erdgeschichtlich gesehen, völlig normal. Derzeit sterben Tier- und Pflanzenarten jedoch schneller aus als je zuvor. Der Mensch bedroht sie, indem er sie nutzt oder ihre Lebensräume zerstört. **Artenschutz** beschränkte sich früher meist auf die schönen und interessanten Tiere und Pflanzen. Inzwischen stehen der **Erhalt der Ökosysteme** und die **Bewahrung der biologischen Vielfalt** im Vordergrund. Von großer Bedeutung für den Menschen ist Artenvielfalt z. B. bei der Entwicklung neuer Medikamente und der Züchtung von Nutzpflanzen.

Wilde Yaks sind durch unkontrollierte Jagd mit modernen Waffen bedroht.

LINKTIPP

Eine der größten Natur- und Artenschutzorganisationen der Welt ist der World Wildlife Fund (WWF). Auf den deutschen Internetseiten findest du Genaueres zu vielen bedrohten Arten: www.wwf.de/themen-projekte/artenlexikon/

Fieberklee verschwindet mit der Entwässerung und Düngung von Feuchtwiesen, seinem natürlichen Lebensraum.

1. Schaue dir an, weshalb die oben angeführten Arten gefährdet sind. Überlege dir für jede von ihnen eine wirksame Maßnahme, um sie zu schützen.

2. Einige bedrohte Tierarten werden in Erhaltungszuchtprogrammen in Zoos gezüchtet und später ausgewildert, um sie vor dem Aussterben zu bewahren. Was könnten dabei für Probleme auftreten?

Eisbären leiden aufgrund des Klimawandels unter der Eisschmelze und der Verschmutzung der arktischen Meere.

2 ▸▸ HINTERGRÜNDE UND PROBLEME

TIERSCHUTZ

Tiere werden vom Menschen oft einzig und allein im Hinblick auf ihren größtmöglichen Nutzen behandelt und dabei wird keinerlei Rücksicht auf die Leiden des Tieres genommen. Viele Tiere werden dabei nicht artgerecht gehalten, andere regelrecht gequält.

Tierschutzgesetz §1

„Zweck dieses Gesetzes ist es, aus der Verantwortung des Menschen für das Tier als Mitgeschöpf dessen Leben und Wohlbefinden zu schützen. Niemand darf einem Tier ohne vernünftigen Grund Schmerzen, Leiden oder Schäden zufügen."

HIER LEIDEN TIERE DURCH DEN MENSCHEN

Massentierhaltung: Um billig produzieren zu können, werden Nutztiere meist in Intensivtierhaltung gehalten. Sie leben auf sehr engem Raum, sehen nie das Tageslicht und dürfen ihre eigenen Nachkommen nicht großziehen.

Tiertransporte: Schlachttiere müssen am Ende ihres Lebens eng eingepfercht und durstig noch stundenlange Transporte im Lkw über sich ergehen lassen, die insbesondere im Sommer sehr qualvoll sind.

Tierversuche: Etwa 2,5 Millionen Tiere werden jährlich eingesetzt, um Medikamente zu testen oder Forschung zu betreiben. Mäuse und Ratten, aber auch Hunde und Affen werden dabei z. B. verletzt, vergiftet oder verbrannt.

Jagd: Alle sechs Sekunden stirbt ein Tier durch einen Jäger. Nur die Hälfte der Tiere, die gejagt werden, ist sofort tot. Oft verenden die Tiere erst im Nachhinein qualvoll.

Fischerei: Bei der Fischerei mit Netzen ersticken die Tiere. Außerdem, werden oft Meeressäuger, wie z. B. Delfine, mitgefangen, die ebenfalls in den Netzen verenden.

Nicht artgerechte Haltung: Nutztiere, aber auch Tiere in Zirkussen, Zoos und in Privatbesitz werden oft isoliert und in zu kleinen Gehegen oder Käfigen gehalten, sodass sie ihre natürlichen Verhaltensweisen nicht ausleben können.

Tierquälerei: Manche Menschen nutzen Tiere, um sie mutwillig zu quälen und ihren Frust an ihnen abzubauen. Bei Wirbeltieren ist Tierquälerei strafbar.

»Solange Menschen denken, dass Tiere nicht fühlen, müssen Tiere fühlen, dass Menschen nicht denken.«
(Unbekannter Autor)

1. Warum schützt das Tierschutzgesetz Tiere nicht hinreichend vor den Grausamkeiten, die ihnen durch den Menschen zugefügt werden?

2. Bildet Kleingruppen und überlegt für jedes der sieben Themen, was man tun sollte, um dort für mehr Tierschutz zu sorgen.

3. Recherchiert im Internet nach Beispielen, wo Tiere durch den Menschen leiden, und ordnet sie den angeführten Themen zu.

TIERVERSUCHE

In Deutschland werden jährlich fast 3 Millionen Wirbeltiere für Tierversuche eingesetzt. Die meisten davon sind Mäuse und Ratten, aber auch viele Hunde, Katzen und Affen müssen bei Tierversuchen ihr Leben lassen. Vorher werden sie verletzt und vergiftet oder auf andere Art und Weise gequält. Mehr als ein Drittel aller Tierversuche dient der Grundlagenforschung, bei der elementares Wissen erforscht wird, ohne dass es konkrete Anwendungsbereiche gibt. Fast ebenso viele Versuche werden im medizinischen Bereich durchgeführt. Es geht darum, neue Medikamente und Behandlungen zu entwickeln und deren Wirksamkeit und Unbedenklichkeit zu prüfen. Bei einigen Tierversuchen wird die Schädlichkeit bestimmter Substanzen auf den Menschen erforscht. Tierversuche dienen auch der Landwirtschaft. Es geht z. B. darum, wie eine Kuh mehr Milch gibt. Tiermedikamente werden ebenfalls in Tierversuchen getestet. Einige Versuche mit Tieren dienen nur dazu, dass Studenten und andere Auszubildende etwas lernen können.

Botox
Jährlich sterben Hunderttausende von Mäusen qualvoll im Kampf gegen ein paar Falten

Prominente haben es vorgemacht und Normalbürger machen es nach. Sie lassen sich Botulinumtoxin, kurz „Botox", spritzen, damit ihre Falten für ein paar Monate verschwinden. Der Eingriff dauert nur wenige Minuten und wird in den USA inzwischen schon bei Häppchen und Getränken auf sogenannten „Botox-Partys" durchgeführt. Botulinumtoxin ist das stärkste bekannte Gift und muss extrem verdünnt werden. Für jede hergestellte Einheit Botox schreibt die EU einen Tierversuch vor, bei dem den Mäusen das Gift in die Bauchhöhle gespritzt wird. Jede Mäusegruppe erhält eine andere Verdünnung. Die, bei der genau die Hälfte der Tiere stirbt, ist die richtige. Die Mäuse leiden unter Lähmungen, Sehstörungen und Atemnot, bevor sie nach drei bis vier Tagen qualvoll ersticken.

Botox ist als Medikament zugelassen und wird auch in der Medizin, z. B. zur Bekämpfung von Muskelkrämpfen und Lidzuckungen, verwendet.
Es gilt nicht als Kosmetik, weil es nicht aufgetragen, sondern unter die Haut gespritzt wird. Somit greift hier das Tierversuchsverbot für Kosmetika nicht.

Informationen nach:
www.aerzte-gegen-tierversuche.de

1. *Schaue dir die Gründe an, aus denen Tierversuche durchgeführt werden. Aus welchen Gründen sind Tierversuche deiner Meinung nach vertretbar, aus welchen nicht?*

2. *Welche besonderen Probleme gibt es bei den Botox-Versuchen im Vergleich zu anderen medizinischen Tierversuchen?*

Aus die Maus. – Jährlich werden fast 2,8 Millionen Tiere in Versuchslaboratorien eingesetzt.

3 ▷▷ ESSEN UND TRINKEN

ÖKOLOGISCHE LANDWIRTSCHAFT

Welche Produkte dürfen eine Öko- oder Bio-Kennzeichnung tragen?

Ein Bio-Siegel dürfen alle unverarbeiteten Produkte aus der Bio-/Öko-Landwirtschaft und -Aquakultur tragen. Verarbeitete Produkte können nur dann als Bio-/Öko-Lebensmittel und Bio/Öko-Futtermittel gekennzeichnet werden, wenn die landwirtschaftlichen Zutaten mindestens zu 95 Prozent aus dem ökologischen Landbau stammen. Es gibt daher Bio-Joghurt, aber keine Bio-T-Shirts (nur T-Shirts aus Bio-Baumwolle). Jeder Schritt von der Erzeugung der Zutaten über deren Verarbeitung bis hin zum Handel des Bio-Lebensmittels muss deshalb den Bio-Vorschriften der Europäischen Union entsprechen. Für Kosmetikartikel, Arzneimittel sowie Jagd- und Fischereierzeugnisse gibt es keine Bio-Kennzeichen.

Vertrauen ist gut, Kontrolle ist besser!

Die Vorschriften für das Bio-Siegel sind streng und umfangreich. So ist z.B. genau festgelegt, wie viel Platz einem Tier aus Bio-Haltung zur Verfügung stehen muss. Mindestens einmal im Jahr werden angemeldete Kontrollen durch Bio-Kontrolleure im Bio-Betrieb durchgeführt. Darüber hinaus gibt es unangemeldete Stichproben. Hält sich ein Betrieb nicht an die Vorgaben, dürfen die Produkte nicht mehr unter dem Bio-Siegel vermarktet werden. Schwere Verstöße werden mit Geldbußen oder einer Gefängnisstrafe bis zu einem Jahr bestraft.

Wie erkenne ich Bio-Lebensmittel?

Lebensmittel mit Namen „Bio" oder „Öko" müssen nach den EU-Rechtsvorschriften für den ökologischen Landbau hergestellt und kontrolliert sein. Deshalb findet man immer auf den Verpackungen das EU-Bio-Logo mit dem Code einer Öko-Kontrollstelle, die den Hersteller des Lebensmittels kontrolliert. Der Code muss in folgender Form angegeben sein: DE-ÖKO-000. Dazu kommt noch die Angabe zur Herkunft der Zutaten für dieses Produkt. (Das ist wie ein Personalausweis.) Am bekanntesten ist unser deutsches Bio-Siegel, das 2001 als freiwilliges Logo für Bio-Lebensmittel eingeführt wurde. Es darf nur zusätzlich zum EU-Bio-Logo verwendet werden. Bei losen Bio-Produkten muss der Code der Öko-Kontrollstelle angegeben sein und das Bio-Siegel kann ebenfalls verwendet werden.

© Bundesanstalt für Landwirtschaft und Ernährung

© Europäische Kommission Landwirtschaft und ländliche Entwicklung

In herkömmlichen landwirtschaftlichen Betrieben werden, um hohe Erträge zu erzielen, große Mengen an chemischen Düngemitteln und Pflanzenschutzmitteln eingesetzt, was für die Umwelt äußerst belastend ist. Zudem werden meist sehr viele Tiere auf engem Raum gehalten. Um hier Abhilfe zu schaffen, greifen immer mehr Menschen zu Lebensmitteln aus ökologischer Landwirtschaft.

Im Öko-Landbau:
- werden grundsätzlich keine chemisch-synthetischen Pflanzenschutzmittel verwendet,
- wird auf leicht lösliche mineralische Dünger und Gentechnik verzichtet,
- werden Tiere artgerecht gehalten und haben z.B. mehr Platz und Auslauf,
- wirtschaften die Bauern in einem weitgehend geschlossenen Betriebskreislauf, der die natürlichen Lebensprozesse fördert,
- wird Transparenz bei der Erzeugung und Herstellung von Bio-Lebensmitteln durch unabhängige regelmäßige Kontrollen zur Einhaltung der gesetzlichen Vorgaben gezeigt.

Das führt dazu, dass:
- Boden, Wasser und Luft geschützt werden,
- der Energieverbrauch herabgesetzt und das Klima geschützt wird,
- Rohstoffreserven geschützt werden,
- die Artenvielfalt erhalten bleibt und die Wirtschaftsweise besonders naturnah und nachhaltig ist.

---

1. *Aus welchem Grund wird ökologische Landwirtschaft betrieben? Wer profitiert davon?*

2. *Recherchiere auf den Seiten www.bio-siegel.de unter der Rubrik „Verbraucher".*
   - *Finde heraus, was man im Öko-Landbau tut, um die Pflanzen vor Schädlingen zu schützen und den Boden fruchtbar zu machen.*
   - *Finde heraus, warum Bio-Produkte teurer als herkömmliche Lebensmittel sind.*
   - *Finde in der Nähe deines Wohnortes einen Bio-Demonstrationsbetrieb, den du besuchen könntest.*

KAUF VON BIO-PRODUKTEN

ICH KAUFE BIO, WEIL …

… **das besser für das Klima ist:** Die Energiebilanz von Bio-Produkten ist meist geringer als die von konventionell erzeugten und der höhere Humusanteil der Böden kann mehr Kohlendioxid binden.

… **was schlecht für Schädlinge ist, auch für andere Lebewesen nicht gut sein kann:** Pestizide verringern neben Schädlingen auch die Artenzahl an Bodenlebewesen, Ackerwildkräutern und Weidepflanzen.

… **ich Angst um unser Trinkwasser habe:** Düngemittel und Pestizide werden aus dem Boden ausgewaschen und vergiften das Grundwasser.

… **ich möchte, dass es den Tieren gut geht:** In der ökologischen Landwirtschaft gibt es strenge Vorschriften in Bezug auf artgerechte Tierhaltung.

… **es mir besser schmeckt:** Bio-Produkte haben oft einen geringeren Wassergehalt und daher eine höhere Konzentration der Geschmacksstoffe.

… **es für mich gesünder ist:** In Bio-Produkten sind keine Rückstände schädlicher Pestizide, Düngemittel oder Medikamente zu finden, da die Verwendung solcher Stoffe bei Bio-Lebensmitteln verboten ist.

… **ich nicht möchte, dass unsere Seen umkippen:** Düngemittel werden in Gewässer gespült und führen dort zu starkem Algenwachstum und schließlich zum Umkippen der Seen durch das Absterben der Lebewesen durch Sauerstoffmangel.

… **ich Medikamente nur dann brauche, wenn ich krank bin:** Zur Wachstumsförderung werden in der konventionellen Viehzucht teilweise Medikamente (Leistungsförderer) eingesetzt. Einige fördern die Entwicklung resistenter Bakterien und sind deshalb bereits teilweise verboten.

… **mir Gentechnik unheimlich ist:** Zum einen wirken sich gentechnisch veränderte Lebensmittel auf die Arten der Umgebung aus, zum anderen sind die Auslösung von Allergien und die Bildung von Giftstoffen im Gespräch.

Warum sind Bio-Lebensmittel teurer als andere Lebensmittel?

Bio-Lebensmittel sind teurer als herkömmliche Lebensmittel. Das liegt daran, dass für den ökologischen Landbau größere Flächen und mehr Arbeitskräfte gebraucht werden und deshalb die Erträge geringer sind als in der konventionellen Landwirtschaft. Auch die strengen Kontrollen zahlt letztlich der Käufer. Weil Bio-Produkte nur einen kleinen Teil des Umsatzes ausmachen, kostet es mehr, sie an den Käufer zu bringen, besonders wenn dies in kleinen Spezialgeschäften geschieht.

1. Fragt Bekannte oder Leute auf der Straße, (a) ob und warum sie Bio-Produkte gut finden und (b) was sie davon abhält, Bio-Produkte zu kaufen. Wertet die Ergebnisse dieser Umfrage in der Klasse aus.

2. Geht in ein Lebensmittelgeschäft, das konventionelle und Bio-Lebensmittel verkauft. Bildet Kleingruppen und wählt für jede Gruppe eine Produktsorte aus. Vergleicht die Preise des Bio-Produktes mit dem Durchschnittspreis herkömmlicher Produkte. Achtet darauf, dass nur gleiche Mengen verglichen werden können, und rechnet den Preis gegebenenfalls auf die unterschiedlichen Mengen um.

3. Wie könnten die Kosten von Bio-Produkten gesenkt werden?

FAIRER HANDEL

SAIDAN AUS PAKISTAN

Die 50-jährige Saidan ist Mitbegründerin des Nähzentrums von Talon. Hier fertigt sie jeden Tag Fußbälle an. Als erfahrene Näherin braucht sie für einen Ball 1½ Stunden und bekommt dafür umgerechnet 37 Cent. Das ist weniger als der Preis für ein Kilo Reis. Ihre neun Kinder könnte sie mit diesem Lohn kaum durchbringen. Glücklicherweise sind häufig Fußbälle mit dem Fairtrade-Logo dabei. Die näht Saidan am liebsten, denn dafür bekommt sie fast das Doppelte. Wegen der Zusammenarbeit mit dem fairen Handel können die Kinder der Näherinnen hier eine Vorschule besuchen und alle haben freien Zugang zur Gesundheitsversorgung. Durch die fairen Fußbälle konnte es sich Saidan auch leisten, ihre Kinder länger zur Schule gehen zu lassen.

Für Produkte wie z. B. Kaffee oder Schokolade, die bei uns angeboten werden, erhalten die Bauern und Arbeiter in den Ländern des Südens, welche die Rohstoffe für den Weltmarkt produzieren, oft so wenig Geld, dass sie kaum davon leben können. Zum anderen sind die Arbeitsbedingungen meist sehr schlecht. Fairer Handel soll eine gerechte Entlohnung und bessere Arbeitsbedingungen garantieren und so die Armut in den Entwicklungsländern abbauen. Derzeit profitieren etwa 1,6 Millionen Kleinbauern in 74 Ländern vom fairen Handel. Seit den 1960er-Jahren werden in Deutschland handwerkliche und landwirtschaftliche Produkte aus fairem Handel verkauft. Inzwischen werden diese Produkte nicht mehr nur in sogenannten „Weltläden", sondern auch in kommerziellen Supermärkten angeboten. Erkennbar sind diese Produkte an dem Fairtrade-Siegel.

Produkte, die das Fairtrade-Siegel tragen, erfüllen unter anderem die folgenden Bedingungen:
- Die Hersteller erhalten einen festen Mindestpreis für ihr Erzeugnis, der die Kosten einer nachhaltigen Produktion deckt.
- Die Bauern-Kooperativen erhalten eine Fairtrade-Prämie für Gemeinschaftsprojekte, wie z. B. für den Bau eines Krankenhauses oder einer Schule.
- Die Erzeugnisse werden nicht durch Zwangsarbeit oder illegale Kinderarbeit hergestellt.
- Es herrscht in den Betrieben keine Diskriminierung.
- Für Bio-Produkte wird ein höherer Preis gezahlt.
- Der Gebrauch von Pflanzenschutzmitteln und anderen Chemikalien ist eingeschränkt.
- Der Gebrauch von gentechnisch verändertem Saatgut ist nicht erlaubt.

Das Fairtrade-Siegel ist international gültig. Es wird in Deutschland von TransFair e. V. vergeben, einem gemeinnützigen Verein, der selbst keinen Handel betreibt. Die Händler und Produzenten von Produkten mit dem Fairtrade-Siegel werden von 130 unabhängigen Inspektoren kontrolliert, damit die Bedingungen auch eingehalten werden und das zusätzliche Geld einer nachhaltigen Entwicklung zufließt.

Unfair!

Fairer Handel unterliegt den gleichen Beschränkungen (wie Zöllen, Subventionen usw.) wie jeder andere Handel. Die höheren Kosten bezahlt der Endverbraucher. Die eigene Landwirtschaft hingegen fördern die Industrieländer mit Zöllen und Subventionen.

1. Ein Drittel der Deutschen findet fairen Handel gut, aber nur 12 Euro pro Kopf wurden 2015 für fair gehandelte Produkte ausgegeben. Es scheint, als sei fairer Handel die Lösung aller Probleme, aber nur wenige machen mit. Woran könnte das liegen?

2. Recherchiere im Internet unter *www.fairtrade-deutschland.de*, welche Produkte aus fairem Handel angeboten werden und aus welchen Ländern fair gehandelte Produkte kommen. Schreibe jeweils zehn Produkte und zehn Länder auf ein Blatt Papier und schreibe dazu zwei Produkte bzw. Länder, die nicht dazugehören. Tausche die Blätter mit deinem Sitznachbarn und finde die beiden falschen Produkte und Länder.

3 ESSEN UND TRINKEN

OBST UND GEMÜSE 1/2

Wer bei Obst und Gemüse stets zu **Bio-Produkten** greift, ist nicht unbedingt fein raus. Manch eine Frucht muss um die halbe Erde verschifft oder gar geflogen werden. Das verbraucht Treibstoff und belastet das Klima. Also gilt: **Möglichst lokal einkaufen.** Doch auch das hat seine Tücken. Wächst etwas im Treibhaus heran oder lagert monatelang im Kühlhaus, wird dabei ebenfalls Energie verbraucht. Neben einem Juniapfel aus Deutschland sieht der neuseeländische Import möglicherweise gar nicht mehr so schlecht aus. Auf jeden Fall sollte man stets dem Obst und Gemüse, welches gerade **Erntesaison** hat, den Vorzug geben.
Bei Südfrüchten, wie Bananen, wird man um Importe nicht herumkommen. Wer Bananen mit dem **Fairtrade-Siegel** kauft, braucht kein schlechtes Gewissen zu haben. Sie sind meist auch aus **ökologischem Anbau** und auf den Einsatz gefährlicher Pestizide wurde verzichtet.

Alles Banane?

Lucas Barahona ist 44, aber er sieht aus, als wäre er weit über 60: Seine runzlige Haut ist voller Altersflecken, der Rücken gekrümmt. Jede Bewegung strengt ihn an. „Die Ärzte haben mir gesagt, ich soll nach Hause gehen und auf den Tod warten." Seine 10-jährige Tochter ist erst knapp einen Meter groß und kann nur mit Mühe gehen. Der 4-jährige Sohn wirkt wie ein alt gewordenes Baby. Ohne Hilfe kann er sich nicht aufrichten …

Quelle: Weltwoche Ausgabe 2000–46 vom 16.11.2000.
Ressort: Wirtschaft, Seite 35

Lucas war Bananenarbeiter in Nicaragua. Er und seine Familie sind durch den Pestizideinsatz auf der Plantage krank geworden. Viele Familien hier haben behinderte Kinder. Das verantwortliche Pflanzenschutzmittel „Nemagon" wurde zwar inzwischen verboten, aber auch heute noch werden auf den Bananenplantagen der Tropen große Mengen gefährlicher Pestizide versprüht. Dies geschieht meist mit dem Flugzeug, während die Leute dort arbeiten.

Es gibt Anbieter, bei denen man Kisten mit Obst und Gemüse aus ökologischem Anbau abonnieren kann. Die Kisten werden angeliefert und enthalten größtenteils regionale und saisonale Ware.

OBST UND GEMÜSE 2/2

	Jan	Feb	Mär	Apr	Mai	Jun	Jul	Aug	Sep	Okt	Nov	Dez
Äpfel	x	x	x	x				x	x	x	x	x
Apfelsinen	x	x	x	x						x	x	x
Auberginen				x	x	x	x	x				
Birnen								x	x	x	x	
Blumenkohl			x	x	x	x	x	x	x	x	x	
Bohnen						x	x	x	x	x		
Brokkoli						x	x	x	x	x		
Chicorée	x	x	x	x						x	x	x
Clementinen	x	x									x	x
Erbsen					x	x	x	x				
Erdbeeren					x	x	x					
Feldsalat	x	x								x	x	x
Grünkohl	x	x									x	x
Johannisbeeren						x	x	x				
Kartoffeln	x	x	x	x	x	x	x	x	x	x	x	x
Kirschen						x	x	x				
Kohlrabi					x	x	x	x	x	x		
Kürbis								x	x	x	x	x
Lauch	x	x	x					x	x	x	x	x
Melonen						x	x	x	x	x		
Möhren	x	x	x	x	x	x	x	x	x	x	x	x
Paprika						x	x	x	x	x		
Pfirsiche						x	x	x	x	x		
Pflaumen							x	x	x	x		
Radieschen		x	x	x	x	x	x	x	x	x		
Rhabarber				x	x	x						
Rotkohl	x	x	x							x	x	x	x
Salat					x	x	x	x	x	x		
Salatgurken						x	x	x	x	x		
Spargel				x	x	x						
Spinat			x	x	x	x						
Stachelbeeren						x	x	x				
Tomaten				x	x	x	x	x	x	x	x	
Weintrauben								x	x	x	x	x
Weißkohl	x				x	x				x	x	x	x
Zucchini						x	x	x	x	x	x	
Zwiebeln	x	x	x	x	x	x	x	x	x	x	x	x

Ausgesuchte Obst- und Gemüsesorten nach Saison. Bananen und Kiwis gibt es ganzjährig als Importe.

Fasse in einer Liste zusammen, worauf man beim Kauf von Obst und Gemüse achten sollte.

DREI GUTE GRÜNDE, WENIGER FLEISCH ZU ESSEN

1. Tierschutz

Schweine sind sensible und intelligente Tiere. Deshalb werden sie auch seelisch krank, wenn sie in winzigen Verschlägen zusammengepfercht, ohne Tageslicht, gehalten werden. Damit sie sich nicht gegenseitig Ohren und Schwänze abbeißen, werden diese kurz nach der Geburt entfernt. Ohne Betäubung – alles andere wäre zu teuer. Richtig gesund sind sie eigentlich nie, denn sie werden ausschließlich gezüchtet, um schnell zu wachsen und viel Fleisch zu liefern. Zwecks Wachstum und damit sich bei den schlechten hygienischen Bedingungen keine Infektionskrankheiten ausbreiten, werden sie mit Medikamenten vollgestopft. Wenn sie auf den Weg zum Schlachthof verladen werden, sehen sie vielleicht zum ersten Mal die Sonne.
Dann steht ihnen noch eine stundenlange Fahrt ohne Wasser und Futter bevor. Wenn die Schweine Glück haben, werden sie vor der Tötung vorschriftsmäßig betäubt. Wenn sie Pech haben, leben sie noch, wenn sie in das heiße Brühbad geworfen werden. Derartige Massentierhaltung ist Alltag, nicht nur bei Schweinen. Zu den derzeit vorherrschenden Preisen ist Fleisch anders kaum zu produzieren.

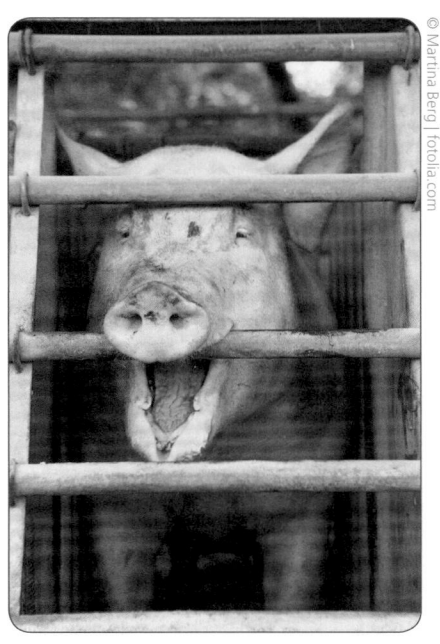

Armes Schwein

2. Umwelt und Klima

Es ist erheblich aufwändiger, Fleisch, Milch und Eier herzustellen als die gleiche Menge pflanzliche Nahrung. Allein 80% der landwirtschaftlichen Fläche wird als Weide oder zum Anbau von Viehfutter genutzt. Aber auch der Verbrauch an Wasser, Pestiziden, Dünger und Energie und die Bodenerosion sind größer. Rinder sind darüber hinaus eine Methanquelle. Eine Kuh rülpst und pupst pro Tag so viel Treibhausgas in die Luft, wie ein Kleinwagen auf 100 Kilometer Fahrt ausstößt. Der größte Klimaschaden entsteht jedoch durch die Abholzung tropischer Wälder. Insgesamt verursacht die Herstellung einer Frikadelle 13-mal so viele Treibhausgase wie die eines Getreidebratlings.

3. Gesundheit

Insgesamt 60 Kilogramm Fleisch und Wurst verspeist ein Deutscher in einem Jahr. Das ist erheblich mehr, als von der deutschen Gesellschaft für Ernährung empfohlen wird (300–600 g pro Woche).

---

1. Stelle die drei guten Gründe, weniger Fleisch zu essen, in Form eines Plakates zeichnerisch dar.

2. Überlege, was der Verzehr von Fleisch für das Problem des weltweiten Hungers bedeutet.

3. Schreibe auf, was du innerhalb einer Woche alles an Fleisch und Wurst isst. Schätze ab, wie viel Gramm das im Vergleich zu einem Durchschnittsdeutschen und den Empfehlungen der deutschen Gesellschaft für Ernährung sind.

4. Warum wäre es besser, wenn die Deutschen nur halb so viel des doppelt so teuren Bio-Fleisches essen würden?

3 ▶▶ ESSEN UND TRINKEN

WELCHER FISCH DARF AUF DEN TISCH?

Die Gewässer der Erde sind überfischt, d.h., es werden mehr Fische gefangen, als durch natürliche Vermehrung nachwachsen. Wenn es so weitergeht, könnten bis Mitte des Jahrhunderts die Gewässer leer gefischt und die Ökosysteme dort zusammengebrochen sein. Auch Fische, die nicht genutzt werden, leiden unter der Fischerei. Ihnen wird das Futter weggefischt, sie landen als Beifang in den Netzen oder die Fangmethoden zerstören ihren Lebensraum. Fische aus Zuchtanlagen verursachen andere Umweltprobleme. Man sollte sie nur dann kaufen, wenn sie aus Öko-Aquakulturen stammen.

BEIFANG

Beifang sind alle Tiere, die nicht benötigt und deshalb wieder über Bord geworfen werden. Das überleben nur wenige. Zum Beifang gehören unerwünschte Fischarten, zu kleine Fische, aber auch Fischarten, die durchaus genutzt werden könnten. Das liegt daran, dass die Fischereibetriebe Quoten, d.h. die Fangerlaubnis für bestimmte Fischmengen, haben. Wenn die Quote für eine bestimmte Art erfüllt ist, werden die überflüssigen Fische wieder ins Meer geworfen. Auch viele Wale, Delfine, Robben und Meeresschildkröten sterben als Beifang. Zusätzlich zu den jährlich 140 Millionen Tonnen Fisch kommen 39 Millionen Tonnen Beifang. Bei Schrimps sind es pro verwertbarer Tonne Fisch sogar bis zu 80 Tonnen.

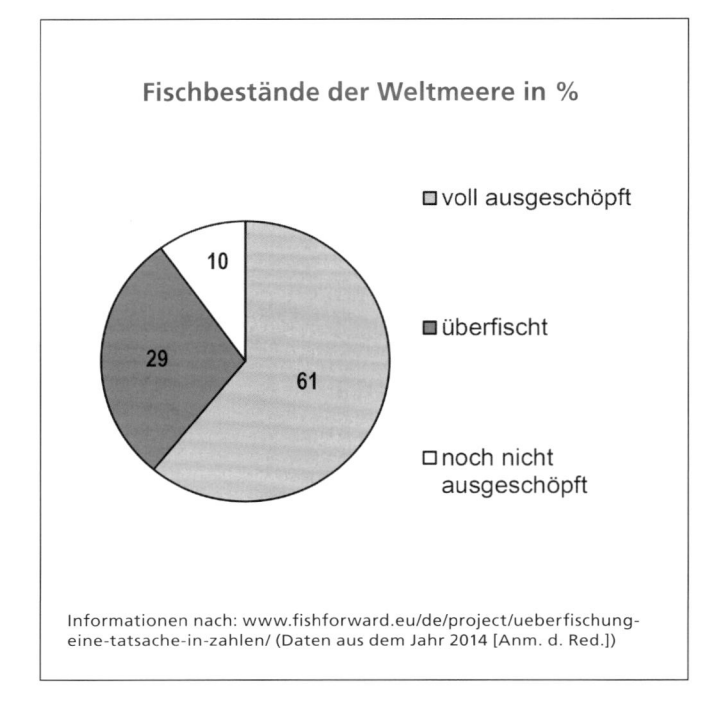

Fischbestände der Weltmeere in %

- voll ausgeschöpft: 61
- überfischt: 29
- noch nicht ausgeschöpft: 10

Informationen nach: www.fishforward.eu/de/project/ueberfischung-eine-tatsache-in-zahlen/ (Daten aus dem Jahr 2014 [Anm. d. Red.])

Marine Stewardship Council (MSC)

Das MSC ist eine unabhängige und gemeinnützige Organisation, die gegründet wurde, um eine Lösung für das globale Problem der Überfischung zu bieten. Ihr blaues Siegel vergibt sie, wenn das Produkt aus Beständen stammt, in denen ausreichend Fisch für eine nachhaltige Fischerei vorhanden ist. Darüber hinaus darf beim Fang die Meeresumwelt nur minimal beeinträchtigt werden, z.B. darf es kaum Beifang geben und der Meeresboden darf nicht zerstört werden. Das blaue MSC-Siegel ist auch im Supermarkt zu finden; insgesamt gibt es weltweit über 22 000 Produkte (Stand 10.2016) mit dem MSC-Siegel. Der WWF unterstützt den MSC. Der Umweltorganisation Greenpeace geht das hingegen nicht weit genug. Unter den von ihr als kritisch oder katastrophal bewerteten Arten befinden sich auch solche, die das MSC-Siegel tragen. Ohne Ausnahme empfiehlt Greenpeace laut seinem aktuellen Fischratgeber nur den Karpfen.

LINKTIPP
Weitere Informationen zu dieser Organisation findest du unter www.msc.org/de

© Marine Stewardship Council
ZERTIFIZIERTE NACHHALTIGE FISCHEREI
MSC
www.msc.org/de
MSC-Siegel

1. Sortiere die Probleme im Zusammenhang mit dem Fischfang nach Artenschutz und Tierschutz.

2. Schaue dir unter dem Link www.greenpeace.de/files/publications/rz_gp_plakfschrg-br_a3_low.pdf den Greenpeace-Fischratgeber aus dem Jahr 2016 an. Welche Fische sind durchweg nicht zu empfehlen, welche können in bestimmten Gebieten und unter bestimmten Bedingungen noch empfohlen werden?

EIERZIFFER UND HÜHNERGLÜCK

Kranke Tiere mit ausgefallenem Federkleid, eingepfercht in einem Käfig mit weniger Platz als einer DIN-A4-Seite. Weltweit stammen die meisten Eier immer noch aus derart herkömmlicher **Käfighaltung**. In Deutschland wurde sie im Jahr 2010 verboten, in der EU im Jahr 2012. Erlaubt ist nur noch die sogenannte Kleingruppenhaltung, bei der die Hühner zwar im Käfig sitzen, aber mehr Platz (0,075 m² pro Huhn), ein Legenest, Einstreu und Sitzstangen haben. In Deutschland kommt nur noch jedes zehnte Ei aus Käfighaltung. Die meisten Eier (zwei Drittel) werden in **Bodenhaltung** produziert. Die Tiere leben dabei in einer großen Halle, wo es ebenfalls Nester und Einstreu gibt. Insgesamt ist es jedoch recht eng (9 Hühner pro m²), sodass die Tiere hier ebenfalls stark unter Stress stehen. Besser ist die **Freilandhaltung**, wo die Hühner zusätzlich täglich ins Freie dürfen und dann auch endlich mal Platz haben (4 m² pro Huhn). Bei der Produktion von **Bio-Eiern** haben die Tiere darüber hinaus auch im Stall etwas mehr Platz (9 Hühner pro m²). Außerdem bekommen sie biologisch angebautes Futter. Auch verarbeitete Produkte, wie Backmischungen, Süßigkeiten und Nudeln, enthalten Eier. In Bio-Produkten müssen diese Eier aber Bio-Eier sein. Bei anderen Produkten wird die Herkunft nicht ausgewiesen.

Artgerecht?

❓ Wusstest du, …

dass Legehühner eine völlig andere Rasse sind als Mastgeflügel? Aus den Eiern der Legehennen schlüpfen genauso viele männliche wie weibliche Küken. Die kleinen Hähne sind nutzlos. Sie werden direkt nach dem Schlüpfen vergast oder zerkleinert und dienen dann als Tierfutter bzw. Dünger. Das gilt auch für Bio-Eier!

1. Formuliere eine E-Mail an den Hersteller eines Produktes, das Eier enthält, in der du nachfragst, aus welcher Art der Haltung die Eier stammen und warum dir diese Information wichtig ist.
2. Sollte man die Produzenten von Eierkartons zwingen, ihre Verpackungen so zu gestalten, dass offensichtlich ist, woher die Eier stammen? Gestalte mit Bildern aus dem Internet oder eigenen Zeichnungen einen „ehrlichen" Eierkarton.
3. Die Initiative www.bruderhahn.de setzt sich dafür ein, dass keine männlichen Küken mehr getötet werden müssen. Recherchiere, wie sie das erreichen will.

Kennzeichnung von Eiern

Beispiel: 0 DE-00330222

Die erste Ziffer (0) steht dabei für das Haltungssystem:
- 0 = Freilandeier aus ökologischer Erzeugung (Bio-Eier)
- 1 = Eier aus Freilandhaltung
- 2 = Eier aus Bodenhaltung
- 3 = Eier aus Käfighaltung (Kleingruppenhaltung)

Die beiden Buchstaben sind der Ländercode, in diesem Fall DE für Deutschland.

Die Ziffern hinter dem Bindestrich verweisen auf den genauen Betrieb, in dem das Ei hergestellt wurde.
Auf der Internetseite www.was-steht-auf-dem-ei.de kann man für bestimmte Eiercodes etwas über den Betrieb erfahren, in dem die Eier gelegt wurden.

3 ▷▷ ESSEN UND TRINKEN

MILCHPRODUKTE

Vollmilch, Käse, Quark, Joghurt, Eiscreme, Milchshake, Sahne, Butter, Schokolade, Kuchen, Kekse … Die Liste der Lebensmittel, die Milch enthalten, ist lang und um die Milchversorgung sicherzustellen, leben in Deutschland 4,3 Millionen Milchkühe – jeweils eine Kuh für 19 Deutsche. In Umfragen zeigt sich, dass fast alle Befragten sich wünschen, dass diese Kühe es gut haben und artgerecht gehalten werden.

Auf der Weide und mit Hörnern – bei Milchkühen ein eher seltenes Bild

FAKTEN ZU DEUTSCHEN KÜHEN

- Eine deutsche Milchkuh gibt im Durchschnitt etwa 7 500 l Milch pro Jahr.
- Milchkühe werden auf maximale Milchmenge gezüchtet und gefüttert. Das macht sie anfällig für Krankheiten.
- Sechs von zehn Kühen leben ganzjährig in einem Stall, dabei steht jeder Kuh mindestens ein Platz von 4,5 m² zur Verfügung. In kleinen Betrieben dürfen Kühe auch im Stall angebunden werden, was auf jede vierte Kuh zutrifft.
- Obwohl Kühe etwa 20 Jahre alt werden können, leben die meisten Milchkühe nicht länger als fünf Jahre. Dann werden sie geschlachtet, weil sie krank werden oder weniger Milch geben.
- Milchkühe tragen meist keine Hörner, da bereits den Kälbern die Hornansätze herausgebrannt werden, was sehr schmerzhaft ist, da es ohne Betäubung geschieht.
- Kälber werden kurz nach der Geburt von der Mutter getrennt und zunächst einzeln, später dann in Gruppen aufgezogen.

LINKTIPP zum Thema: www.kuhplusdu.de/

Es geht auch anders …

Auf dem Hofgut Rengoldshausen am Bodensee leben 50 Milchkühe und ihr Nachwuchs. Es sind robuste Tiere der Rasse „Schweizer Braunvieh", die sich sowohl zur Milcherzeugung als auch zur Mast eignen. Sie leben mit Hörnern in einem geräumigen Außenstall und dürfen von April bis November täglich auf die Weide. Kraftfutter oder Silage gibt es hier nicht, stattdessen Gras und Heu. Eine Kuh wird hier im Durchschnitt neun Jahre alt, eines der Tiere ist sogar schon 15 Jahre alt. Das Besondere auf dem Hof ist die „familienfreundliche" Aufzucht der Kälber. Die dürfen nämlich in den ersten drei Wochen die ganze Zeit über bei ihrer Mutter bleiben. Danach verbringen Kuh und Kalb noch 2-mal am Tag jeweils eine Stunde miteinander, bis sie dann nach drei Monaten entwöhnt werden. Das spart sogar Arbeit, weil die Kälber nicht einzeln mit Eimern gefüttert werden müssen, und verhindert Durchfallerkrankungen. Eine Milchkuh produziert hier 5 500 l Milch im Jahr.

Textgrundlage: www.kuhplusdu.de/wp-content/uploads/Interview_Hofgut_Rengoldshauen_Milchkühe_KUHDU.pdf
© Welttierschutzgesellschaft e.V., Katharina Tölle

Bildet Kleingruppen und lest die Texte über Milchkühe in Deutschland.

1. *Markiert mit Kreppklebeband, Kreide oder einer Schnur, wie viel Platz eine Kuh eurer Meinung nach mindestens haben sollte. Rechnet aus, wie viele m² das sind, und vergleicht den Platz mit dem, der einer Milchkuh in konventioneller Haltung und in Bio-Haltung tatsächlich zur Verfügung steht.*

2. *Welche Haltungsbedingungen würdet ihr gesetzlich für alle Milchkühe vorschreiben? Bildet dabei eine Rangfolge, was wichtig und was weniger wichtig ist.*

3. *Was wären wohl die Folgen, wenn man diese besseren Haltungsbedingungen für jeden Milchkuhhalter in Deutschland vorschreiben würde?*

> **i**
> Bio-Haltung garantiert den Kühen einen Auslauf im Freien und 6 m² Platz pro Kuh. Enthornung ist nur in Ausnahmefällen und mit Betäubung erlaubt. Insgesamt wird weniger Kraftfutter und mehr Grünfutter verfüttert.

DIE DUNKLE SEITE DER SCHOKOLADE

KINDERSKLAVEN IN WESTAFRIKA

Abou und Adama sind zehn Jahre alt. Sie hatten sich ihr Leben anders vorgestellt, als sie vor drei Jahren in der Nähe ihres Heimatortes Karagulie, in Mali, von einem unbekannten Mann angesprochen wurden. Er hatte ihnen Arbeit und Geld versprochen und entführte sie in einem Minibus 800 Kilometer weit in das Nachbarland Elfenbeinküste. Der Unbekannte hat sie dann für umgerechnet insgesamt 50 Euro an Amadou Bamba, den Besitzer einer Kakaoplantage, verkauft. Von morgens um 7 bis abends um 21 Uhr hacken und pflügen sie barfuß in der sengenden Hitze, angetrieben von dem brüllenden Bamba. Geld haben sie nie gesehen. Pro Kind eine Schale Maisbrei und ein Krug Wasser sowie eine Hütte, ohne Decken oder Toilette, mehr kosten den Plantagenbesitzer seine 18 Arbeiter nicht. Keiner von ihnen ist älter als 14. Abou hat einmal versucht, zu fliehen. Er wurde von Bamba erwischt und musste einen Tag lang gefesselt und nackt in der Sonne sitzen. Abends wurde er vor den anderen Kindern ausgepeitscht. Einige Kinder wissen gar nicht mehr so richtig, woher sie eigentlich kommen. Saiban Diarra aus Mali hat seinen entführten Sohn Yacouba auf einer Plantage der Elfenbeinküste gefunden und mithilfe von 15 anderen Männern befreit. Yacouba hatte ihn nicht mehr erkannt.

Textgrundlage: Söhnke, Giard: Die Kindersklaven von Mali. Welt am Sonntag, 22.04.2001
(www.welt.de/print-wams/article611271/Die_Kindersklaven_von_Mali.html).

„Sklaven – so etwas gibt es noch?"

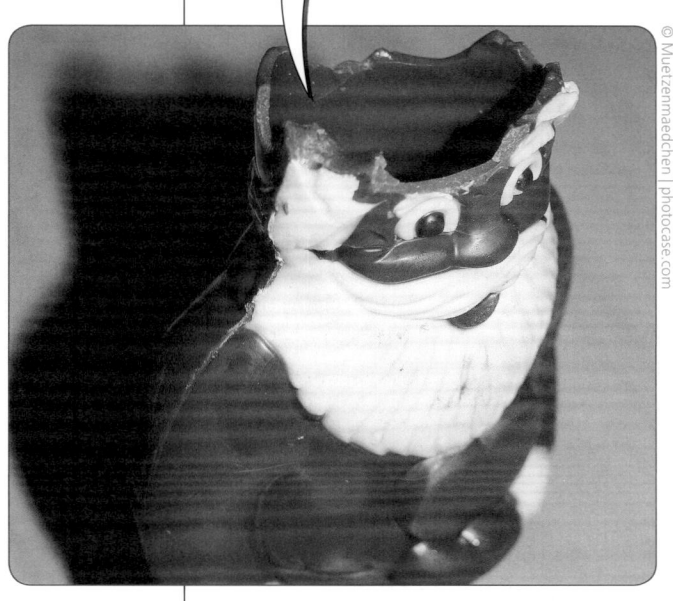

Auch helle Schokolade kann eine dunkle Herkunft haben.

Süßigkeiten ohne schlechtes Gewissen?

Es gibt Tausende verschleppter Kinder aus Mali, die unter katastrophalen Bedingungen auf den Kakaoplantagen der Elfenbeinküste arbeiten. So lässt sich bei den sinkenden Weltmarktpreisen weiterhin billig produzieren. Die großen Schokoladenhersteller kaufen den Kakao auf dem Weltmarkt und überprüfen nicht, woher er stammt. Wer sichergehen will, dass keine Kindersklaven beteiligt waren, sollte Schokolade mit dem Fairtrade-Siegel kaufen.

Abou und Adama sind keine Ausnahme. Bei der Kakaoproduktion ist Kinderarbeit verbreitet, um bei den viel zu niedrigen Weltmarktpreisen billig produzieren zu können. Die Schokoladenhersteller kaufen Kakao auf dem Weltmarkt und überprüfen nicht, woher er stammt. Sie machen mit der Schokolade große Gewinne, doch die Kakaobauern haben am Ende kaum mehr als einen Euro pro Tag zum Leben. Bei einer schlechten Ernte können sie ihre Plantagen nicht pflegen, was im nächsten Jahr zu noch schlechteren Erträgen führt. Zwar gelobt die Süßwarenindustrie Besserung, bis es so weit ist, solltest du jedoch besser Schokolade aus fairem Handel kaufen. Nur so kannst du sichergehen, dass keine Kinder dafür arbeiten müssen und die Bauern fair bezahlt werden.

❗ Übrigens:

Von dem Preis, den du für eine Tafel Schokolade bezahlst, gehen nur 6 % an den Bauern, der den Kakao angebaut hat.

1. *Warum ist das, was Abou und Adama widerfährt, eindeutig Sklaverei?*

2. *Überlegt gemeinsam, was man alles dagegen tun kann, dass Kinder zur Sklavenarbeit gezwungen werden.*

GETRÄNKE

Auf einer Party

- Emilio holt sich aus der Küche ein Glas Wasser aus dem Kran.
- Laurenz gießt sich aus der 1,5-Liter-PET-Mehrwegflasche ein Glas Cola ein.
- Lisa bittet die Gastgeberin um eine Tasse Früchtetee mit Heidelbeer-Vanille-Geschmack.
- Robert trinkt ein Glas aus einer guten Flasche australischen Weins.
- Tina löscht ihren Durst mit Bio-Apfelsaft aus einer Mehrweg-Glasflasche.
- Oskar bedient sich aus einem Getränkekarton mit Fairtrade-Siegel mit Orangensaft.
- Andrea trinkt lokales Dosenbier.

„Nur Wasser trinkt der Vierbeiner, der Mensch, der findet Bier feiner."
(Heinz Erhardt, 1909–1979, Schauspieler)

Nach der Party

A- ODER O-SAFT?

Äpfel wachsen in Deutschland, Orangen in Brasilien. Klarer Fall, dass die Ökobilanz für Apfelsaft da besser ausfällt – würde man meinen. Nach einigen Untersuchungen kommt jedoch der Orangensaft, trotz des langen Schiffstransports, nicht unbedingt schlechter weg. Das liegt daran, dass lokale Apfelsaftkeltereien mit einem höheren Energieaufwand arbeiten als die Orangensaftpressen in Brasilien. Transportiert wird auch nicht der Orangensaft, sondern nur das Konzentrat. Wird Apfelsaft aus Konzentrat hergestellt, so kommt es möglicherweise ebenfalls von sehr weit her.

Getränkeverpackungen

Ob eine Getränkeverpackung ökologisch gut oder schlecht zu bewerten ist, hängt zum einen davon ab, ob es sich um eine Mehrweg- oder Einwegverpackung handelt, und zum anderen davon, wie schwer sie ist und wie weit sie transportiert werden muss. Bei einem sehr weiten Transportweg kann es sein, dass eine Einwegverpackung einer Mehrwegverpackung überlegen ist. Nach Untersuchungen des IFEU-Instituts in Heidelberg ist die PET-Mehrwegflasche grundsätzlich die ökologisch günstigste Getränkeverpackung. Bei einer regionalen Abfüllung sind Mehrweg-Glasflaschen den Dosen und Einweg-PET-Flaschen überlegen. Wenn die Getränke jedoch quer durch Deutschland transportiert werden, gleichen sich die Ökobilanzen an, vorausgesetzt, die Einwegverpackungen werden recycelt. Darüber hinaus gilt: Je größer die Getränkeverpackung, desto besser die Ökobilanz, weil sich das Verhältnis zwischen Verpackung und Inhalt damit verbessert.

Informationen nach: www.ifeu.de/oekobilanzen/pdf/IFEU%20Handreichung%20zur%20Einweg-Mehrweg-Diskussion%20(13Juli2010).pdf

---

1. Lege eine Tabelle an. Schreibe die Namen der Partygäste vor die Zeilen und die Aspekte Umwelt, Gesundheit, Sozialverträglichkeit über die Spalten. Vergebe für jedes Getränk und jeden Aspekt folgende Beurteilungen: + (gut) +– (mittel) – (schlecht), und schreibe sie in die Felder.

2. Welches Getränk trinkst du am liebsten? Wie ist es verpackt, wie wird die Verpackung entsorgt und wo kommt es her? Was ließe sich verbessern?

VEGETARIER UND VEGANER 1/2

Fleisch-Fakten

Jeder Deutsche verzehrt pro Jahr durchschnittlich 60 kg Fleisch. Das sind im ganzen Leben 1094 Tiere: 4 Kühe, 4 Schafe, 12 Gänse, 37 Enten, 46 Schweine, 46 Puten und 945 Hühner.

Informationen nach: www.welt.de/politik/deutschland/article123700329/Deutsche-schlachten-pro-Jahr-750-Millionen-Tiere.html (Daten aus dem Jahr 2014 [Anm. d. Red.])

Nach den Empfehlungen der Deutschen Gesellschaft für Ernährung sollte man nicht mehr als 300–600 g Fleisch pro Woche essen. Das sind zwischen 16 und 31 kg pro Jahr.

Der Fleischkonsum nimmt weltweit jedes Jahr zu. In Deutschland essen Menschen mit hohem Einkommen im Durchschnitt weniger Fleisch als Leute mit geringem Einkommen. In armen Ländern ist es umgekehrt. Obwohl in Deutschland jedes Jahr etwas weniger Fleisch gegessen wird, wird jährlich mehr Fleisch produziert und exportiert. Deutsche Frauen essen im Durchschnitt nur halb so viel Fleisch wie Männer.

ERNÄHRUNG OHNE TIERPRODUKTE

Etwa 5 % aller Menschen in Deutschland sind Vegetarier, 0,5 % Veganer.

⇨ **Vegetarier** verzichten auf Fleisch und meist auch Fisch, weil sie nicht wollen, dass Tiere ihretwegen getötet werden.

⇨ **Veganer** verzichten auf jegliche Art von Tierprodukten, weil die Nutzung von Tieren deren Recht auf Leben, Freiheit und körperliche Unversehrtheit verletzt.

Wer tierfreie Produkte kaufen möchte, sollte auf dieses Siegel der „Vegan Society of England" achten.

© The Vegan Society, www.vegansociety.com

Tiere: Viele Menschen möchten nicht, dass Tiere ihretwegen getötet werden müssen (ein Argument für den Vegetarismus). Dazu tragen jedoch nicht nur die Fleischesser bei. Auch Milchkühe und Legehennen werden in der modernen Tierhaltung getötet, wenn ihre Produktivität nachlässt, was in der Regel lange vor dem Ende ihrer natürlichen Lebenszeit der Fall ist (ein Argument für eine rein vegane Lebensweise). Abgesehen davon, ist natürlich auch das Leid der Tiere, die in Massentierhaltung gehalten werden, enorm, was ebenfalls sowohl die Fleisch als auch die Milch und Eierproduktion betrifft.

Dies sind Argumente, sich für eine vegetarische oder vegane Ernährung zu entscheiden.

Umwelt: Um Fleisch und andere tierische Produkte, wie Eier und Milch, zu produzieren, werden erheblich mehr Fläche, Energie, Wasser, Dünger und Pestizide verbraucht als für dieselbe Menge pflanzlicher Nahrung. Je stärker sich die Menschen pflanzlich ernähren, desto besser ist das für das Klima, die Umwelt und die Bekämpfung des Hungers auf der Erde.

Gesundheit: Vegetarier ernähren sich im Durchschnitt ausgewogener und haben daher einen besseren Gesundheitszustand als andere Menschen. Eine vegetarische Lebensweise ist jedoch nicht unbedingt gesünder als eine Ernährung, die auch Fleisch enthält. Fleisch ist nämlich nicht generell ungesund oder schädlich für den Menschen. Wichtig ist nur, dass man sich ausgewogen ernährt. Damit eine vegane Ernährung nicht zu gesundheitlichen Problemen führt, sollte man genau darauf achten, was man isst. Eine ausreichende Versorgung mit dem Vitamin B12 ist nur dann möglich, wenn ergänzend ein solches Vitaminpräparat eingenommen wird. Damit im Hinblick auf andere Vitamine und Nährstoffe kein Mangel eintritt, sollte man sich von einer Ernährungsfachkraft beraten lassen und die Nährstoffversorgung regelmäßig von einem Arzt überprüfen lassen. Bei Schwangeren, Stillenden, Säuglingen, Kindern und Jugendlichen rät die Deutsche Gesellschaft für Ernährung von einer veganen Ernährung ab.

VEGETARIER UND VEGANER 2/2

Vegan – mehr als eine Frage der Ernährung

Vegan zu leben, ist gar nicht so einfach. Nicht immer ist die Tatsache, dass da Tier drinsteckt, so offensichtlich wie bei Wollpullovern, Lederschuhen und Federbetten. Gelatine, die aus Haut und Knochen von Tieren hergestellt wird, findet man nicht nur in Wackelpudding und Gummibärchen, sondern auch in Backwaren, Getränken, Milchprodukten und Medikamenten. Nebenprodukte aus der Gelatineproduktion können in Seife, Zahnpasta, Leim, Dünger, Klebstoff und sogar Metall enthalten sein. Auch Obstsäfte werden manchmal mit Gelantine geklärt. Casein, ein Milchprodukt, wird als Weichmacher auch pflanzlichen Lebensmitteln zugesetzt und ist darüber hinaus in Leimen, Lacken und Wandfarbe zu finden.

Eine zu 100 % konsequente vegane Lebensweise ist kaum möglich und wird vermutlich in unserer Gesellschaft niemandem gelingen. Wer sich z. B. in einem Hotel auf ein Sofa setzt, in dessen Bezug Wollfasern verarbeitet sind, hat streng genommen bereits gegen den Grundsatz der veganen Lebensweise verstoßen. Eine komplett vegane Lebensweise bleibt, solange sich die Produktionsbedingungen nicht ändern, ein Ideal. Diese Bedingungen zu ändern und so für alle Menschen ein veganes Leben ohne Tierleid möglich zu machen, ist das Ziel der Menschen, die nach diesem Ideal streben.

FLEXITARIER

„Ich esse eigentlich nicht viel Fleisch und wenn dann nur Bio." „An mindestens vier Tagen in der Woche verzichte ich auf Fleisch." „Ich esse Fleisch nur, wenn ich irgendwo eingeladen bin oder es nichts anderes zu essen gibt." „Fleisch muss nicht sein, eigentlich schmeckt es mir gar nicht besonders." Diese und ähnliche Aussagen stammen von sogenannten Flexitariern. Das sind Menschen, die es grundsätzlich für richtig halten, aus den erwähnten Gründen weniger Fleisch zu essen (oder auch sich ganz vegan zu ernähren), aber nicht ganz darauf verzichten möchten. Sie versuchen deshalb bewusster zu konsumieren. Befragungen haben ergeben, dass es viele Menschen in Deutschland gibt, die ihren Fleischkonsum gerne reduzieren möchten.

Aber es ist doch ganz natürlich, Tiere zu töten und Fleisch zu essen …

… verteidigen sich viele Menschen, die weiterhin gerne unbekümmert Fleisch essen wollen. Doch auch Veganer würden nicht verlangen, dass ein Mensch dort, wo das eigene Überleben gefährdet ist, darauf verzichtet, Tiere zu töten und Fleisch zu essen. In unserer Gesellschaft haben wir jedoch die Wahl, ob wir töten, denn wir können unser Überleben auch anders sichern. Und ebenso, wie wir uns in vielen anderen Bereichen des Lebens in die Natur einmischen, z. B. indem wir Medizin nutzen, so sollte allein das Argument der „Natürlichkeit" niemanden daran hindern, sich für eine vegetarische oder vegane Lebensweise zu entscheiden.

---

1. Beurteile, wie gut eine fleischhaltige, eine vegetarische und eine vegane Ernährung jeweils für die Tiere, die Umwelt und die Gesundheit ist.

2. Überlegt, woran es wohl liegt, dass in Deutschland immer noch zu viel Fleisch gegessen wird, obwohl sehr viele Menschen ihren Fleischkonsum reduzieren möchten.

3. Manche Vegetarier essen zwar kein Fleisch, aber Fisch und Meeresfrüchte. Wie lässt sich das rechtfertigen? Überlege auch, was du von „Flexitariern" hältst, und diskutiere darüber mit deinem Sitznachbarn.

4. Im Bundestagswahlkampf 2013 forderten die Grünen, den Donnerstag als Veggie-Day, einen fleischfreien Tag in Kantinen und Großküchen, durchzusetzen. Diskutiert, ob das eine gute Idee oder eine unnötige Bevormundung von Menschen ist.

5. Finde im Internet über das Tierrechtskochbuch (http://tierrechtskochbuch.de/) heraus, wie man vegane Schokolade zubereitet.

6. Recherchiert im Internet und findet Prominente, die Vegetarier oder Veganer sind. Versucht auch, herauszufinden, wie lange das schon so ist und was die Beweggründe dieser Menschen sind.

LEBENSMITTELEINKAUF

Ein wenig trauert Frau P. doch den alten Zeiten nach, als es noch den kleinen Bio-Laden um die Ecke gab. Den Inhaber kannte sie persönlich und außerdem traf man dort die richtigen Leute; diejenigen, die sich um Umwelt und Gesundheit wirklich Gedanken machten. Doch im letzten Jahr hat der Bio-Laden zugemacht, weil er kaum noch Umsätze machte, und Frau P. muss ihre Einkäufe nun im Supermarkt tätigen. Sie muss zugeben, dass dort auch viele günstige Bio-Produkte angeboten werden. Außerdem bekommt Frau P. jetzt jede Woche eine Kiste mit Bio-Obst und -Gemüse ins Haus geliefert. Und vor Kurzem hat sogar ein Bio-Supermarkt im Nachbarstadtteil eröffnet und hier findet Frau P. wirklich alles, was das Herz begehrt. Sogar Bio-Pommes hat sie ihrem Sohn Tim zuliebe gekauft. Eigentlich meidet sie Pommes, weil die Klimabilanz bei denen so schlecht ist, aber bei Bio-Pommes ist es vielleicht nicht so schlimm. Tim studiert und isst meistens in der Mensa. Neulich brachte er zwei Tiefkühlpizzen mit, damit sie nicht kochen müsse. Eigentlich ja ganz nett, fand Frau P., schaute aber doch etwas angewidert auf die quadratischen Pappkartons. Doch Tim konnte sie beruhigen, denn auf jeder Pizza prangte ein großes Bio-Siegel.

Der Kauf im Bio-Laden: Für viele Überzeugungssache

Klimabilanz: Kohlendioxid-Äquivalente in g pro kg	konventionell	Bio
Geflügel	3508	3039
Tiefkühlgeflügel	4538	4069
Rindfleisch	13311	11374
Tiefkühlrindfleisch	14341	12402
Schweinefleisch	3252	3039
Tiefkühlschweinefleisch	4282	4069
Frisches Gemüse	153	130
Gemüsekonserven	511	479
Tiefkühlgemüse	451	378
Frische Kartoffeln	199	138
Tiefkühl-Pommes-Frites	5728	5568
Frische Tomaten	339	228
Brot	768	653
Teigwaren	919	770
Butter	23794	22089
Käse	8512	7951
Milch	940	883
Eier	1931	1542

Informationen nach: Öko-Institut e.V.: Treibhausgasemissionen durch Erzeugung und Verarbeitung von Lebensmitteln (online verfügbar unter: www.oeko.de/oekodoc/328/2007-011-de.pdf)

„Tante Emma" oder Supermarkt? Wenn Bio-Produkte in großen Mengen hergestellt und über große Ladenketten vertrieben werden, so ist das effizienter, als sie in kleinen Läden zu verkaufen. Dadurch werden sie billiger und auch die Energiebilanz sinkt. Darüber hinaus wird der Kreis möglicher Kunden erweitert.

Frisch oder fertig? Verarbeitete, tiefgekühlte und aufwändig verpackte Produkte belasten Klima und Umwelt mehr als frische Ware und sind auch nicht so gesund. Viele Leute gönnen sich jedoch, zumindest ab und zu, mal ein Fertiggericht und daher ist es erfreulich, dass es auch diese Produkte aus ökologischem Landbau gibt.

1. In was für einem Laden kaufst du lieber ein, in einem kleinen Laden oder in einem Supermarkt? Begründe deine Meinung.
2. Bio-Lebensmittel belasten die Umwelt weniger als andere Lebensmittel. Worauf sollte man beim Lebensmitteleinkauf achten, wenn man das Klima schonen möchte? Schaue dir dazu die Tabelle an.
3. Überlege, welcher Einkauf die günstigere Klimabilanz hat: *Einkauf 1:* 500 g frisches Bio-Rinderhackfleisch, 500 g Bio-Nudeln (Teigwaren) und 500 g frische Bio-Tomaten. *Einkauf 2:* 500 g Tiefkühlgeflügel, 500 g Tiefkühl-Pommes-Frites, 500 g Dosenerbsen.

LEBENSMITTELVERSCHWENDUNG

- Bauer Schulze vernichtet auf seinem Acker all die Kartoffeln, die nicht der EU-Norm entsprechen, weil sie zu klein sind.
- Eine Lkw-Ladung Tomaten muss entsorgt werden, weil sie in der Hitze nicht schnell genug zum Händler gebracht werden konnte und verdorben ist.
- Ein Lebensmittelhändler hat für das Sommerwochenende Grillwürste bestellt. Es regnet, die Leute wollen nicht grillen und viele Würste müssen entsorgt werden.
- In der Kantine eines Computerherstellers werden 30 Portionen Spaghetti Carbonara weggeworfen. Wegen Hygienevorschriften dürfen die Reste des Mittagessens nicht weiter verwendet werden.
- Bäcker Paul verkauft kein Brot vom Vortag, sondern wirft es weg.
- Sabine Müller entdeckt beim Aufräumen ihres Kühlschrankes einen vergammelten Salat, einen zwei Monate alten Joghurt und die Reste von einem Mittagessen von vor zwei Wochen, die sie alle in den Müll wirft.

Verbrauchsdatum („zu verbrauchen bis"): Fleisch, Fisch und Eier tragen ein Verbrauchsdatum. Werden sie später verzehrt, drohen Gesundheitsgefahren, weil sie leicht verderblich sind, also unbedingt beachten!
Mindesthaltbarkeitsdatum („mindestens haltbar bis"): Alle übrigen Lebensmittel tragen ein Mindesthaltbarkeitsdatum. Bis zu diesem Datum ist gleichbleibende Qualität garantiert. Danach sind die Lebensmittel jedoch normalerweise auch eine Zeit lang noch gut und können gegessen werden.

Jeder Deutsche wirft im Jahr über 80 kg Lebensmittel in den Müll. Hinzu kommen all die Lebensmittel, die vorher z. B. beim Bauern und beim Händler vernichtet werden. Insgesamt nimmt man an, dass in Deutschland die Hälfte aller Lebensmittel im Müll landen, 11 Millionen Tonnen pro Jahr. Die Lebensmittel, die im Müll landen, verbrauchen einerseits Ressourcen, wie Ackerfläche, Energie und Wasser, und verursachen andererseits klimaschädliches CO_2 und umweltschädliche Chemikalien, wie Dünger und Pestizide. Trotz des Lebensmittelüberflusses in den reichen Ländern sind zwei Milliarden Menschen fehlernährt und leiden an Hunger. Ihnen fehlen die Ressourcen, die von uns genutzt werden, um die Lebensmittel zu produzieren, die später auf dem Müll landen.

Tipps zur Lebensmittelrettung:

- Resterezepte suchen und nutzen
- Essensreste einfrieren
- Verderbliche Waren vor Ablauf des Verbrauchsdatums kochen und einfrieren
- Waren nach Ablauf des Mindesthaltbarkeitsdatums prüfen und, wenn sie noch gut sind, essen
- Nach Plan einkaufen
- Ordnung im Kühlschrank halten

Wegwerfgesellschaft

1. Formuliere anhand der Beispiele auf den Zetteln einen kurzen Text, der beschreibt, warum Lebensmittel weggeworfen werden.

2. Moritz hat sein ungegessenes Schulbrot in den Müll geworfen. Seine Mutter sagt ihm, dass er damit das Hungern von armen Menschen und Aussterben von Tieren bewirkt. Hat sie damit Recht? Begründe deine Meinung.

3. Recherchiere im Internet, was „Containern" bedeutet. Diskutiert in der Klasse, ob das eine gute Aktion im Kampf gegen Lebensmittelverschwendung ist.

4 ▷▷ KÖRPERPFLEGE, GESUNDHEIT, KLEIDUNG UND HAUSHALT

KOSMETIKA UND DEREN INHALTSSTOFFE

Badezusatz – Bodylotion – Dauerwelle – Deodorant – Duschgel – Creme – Gesichtsmaske – Gesichtswasser – Haarfärbemittel – Haargel – Haarspray – Haarspülung – Kajalstift – Lidschatten – Lippenpflegestift – Lippenstift – Make-up – Mundwasser – Nagellack – Nagelpflege – Parfum – Peeling – Rasierschaum – Rasierwasser – Seife – Selbstbräuner – Shampoo – Sonnenschutzmittel – Wimperntusche – Zahnpasta

Problematische Inhaltsstoffe in Kosmetika

Aluminium ist in Deos enthalten, gilt als nervenschädigend und wird mit Krankheiten, wie Alzheimer und Brustkrebs, in Verbindung gebracht.

Bleichmittel und Farbstoffe sind in fast jedem Kosmetikprodukt enthalten und wirken potenziell krebserregend.

Cocamide DEA ist eine krebserregende Substanz, die in fast allen Shampoos und Duschgels vorhanden ist.

Duftstoffe: Die häufig verwendeten synthetischen Moschusverbindungen wirken allergieauslösend, krebserregend und erbgutverändernd. Sie reichern sich in der Umwelt an und gelangen so in die Nahrungskette und wurden bereits in Meerestieren und in der Muttermilch nachgewiesen. Natürlicher Moschus wird aus dem Moschustier, einem kleinen hirschartigen Tier in Südostasien, gewonnen. Er ist sehr teuer und hat das Tier an den Rand des Aussterbens gebracht.

Erdölprodukte trocknen die Haut aus und wirken teilweise krebserregend.

Parabene werden als Konservierungsstoffe verwendet und haben den Ruf, wie Hormone zu wirken.

Phthalate sind als Weichmacher fast überall enthalten und stehen im Verdacht, wie Hormone zu wirken.

Tenside machen die Haut durchlässiger für Schadstoffe.

UV-Filter sind nicht nur in Sonnencremes, sondern auch in ganz normalen Cremes, wo sie gar nicht nötig sind, enthalten und wirken hormonell, allergieauslösend und krebserregend.

Informationen nach: https://news.utopia.de/ratgeber/die-schlimmsten-inhaltsstoffe-in-kosmetik/

Unter den Begriff **Kosmetik** fallen alle Produkte, die der Körper- und Schönheitspflege dienen. Tausende unterschiedlicher Inhaltsstoffe kommen in Kosmetika zum Einsatz. Auf jedem Produkt müssen sie, je nach Konzentration, in abnehmender Reihenfolge aufgeführt sein. Welche erlaubt sind, ist durch eine **EU-Richtlinie** geregelt. Doch auch viele der erlaubten Stoffe sind umstritten, weil sie **Allergien** auslösen oder im Verdacht stehen, langfristig die **Gesundheit** zu **schädigen**.

! Übrigens:

Es gibt Smartphone-Apps, mit denen ihr einfach den Barcode eines Kosmetik-Produktes scannen und euch so über Inhaltsstoffe informieren könnt. Ein Beispiel ist: www.codecheck.info/

---

1. Schreibt jeder auf einen Zettel, wie viele der oben auf der Seite genannten Kosmetikprodukte ihr regelmäßig benutzt, und vermerkt ebenfalls darauf, ob ihr ein Junge oder ein Mädchen seid. Sammelt die Zettel ein. Berechnet die durchschnittliche Anzahl an Kosmetikartikeln für die gesamte Klasse und anschließend getrennt nach Mädchen und Jungen. Erstellt eine Top-Ten-Liste der am häufigsten benutzten Kosmetikartikel für die gesamte Klasse, für Mädchen und für Jungen. Überlegt, auf welche Kosmetikartikel leicht zu verzichten ist und welche ihr für notwendig haltet.

2. Nehmt eine Creme, ein Duschgel oder ein Shampoo, und schaut euch die Liste der Inhaltsstoffe darauf an. Schreibt die Namen der Inhaltsstoffe auf Zettel und verteilt sie so, dass jeweils ein oder mehrere Schüler einen Namen erhalten und alle Stoffe verteilt sind. Findet im Internet etwas über die Funktion und die Nebenwirkungen eures Stoffes heraus.

PROBLEMATISCHE ASPEKTE VON KOSMETIK

PALMÖL

Palmöl ist ein natürlicher und gesundheitlich unbedenklicher Inhaltsstoff, der in sehr vielen Kosmetika (auch Naturkosmetik) und übrigens auch in noch mehr verarbeiteten Lebensmitteln zu finden ist. Etwa in der Hälfte aller Produkte, die man in einem Supermarkt kaufen kann, steckt Palmöl, was nicht immer auf der Liste der Inhaltsstoffe erkennbar ist, da es unter vielen verschiedenen Namen aufgeführt wird. Palmöl wird aus der Ölpalme gewonnen und ist relativ billig herzustellen, weil auf kleiner Fläche ein großer Ertrag erzielt werden kann. Es kann nur in den Tropen produziert werden und stammt meist aus Südostasien. Dort wird für die riesigen Mengen an Palmöl, die der Weltmarkt benötigt, immer mehr tropischer Regenwald abgeholzt. Das schadet zum einem dem Weltklima. Zum anderen wird der Lebensraum von Pflanzen und Tieren, wie z. B. Orang Utans, zerstört. Kleinbauern, die zuvor das Land erheblich nachhaltiger bewirtschafteten, werden von den Palmöl-Plantagenbetreibern vertrieben und müssen zu unfairen Bedingungen auf den Plantagen arbeiten. Kurzum – Palmöl ist zu einem Problem geworden.

Hier wurde Regenwald für die Palmölproduktion abgeholzt.

Zum einen werden bei der Herstellung von Kosmetika Stoffe verwendet, die problematisch für den Nutzer sind. Aber auch diejenigen, die keine Kosmetika nutzen, sind betroffen. Problematische Stoffe, wie synthetische Moschusverbindungen, reichern sich in der Umwelt an, beim Anbau der Rohstoffe wird die Umwelt zerstört und Menschen werden ausgebeutet. Auch Tiere leiden unter der Herstellung von Kosmetika.

Kosmetische Endprodukte dürfen seit 2004 in der EU nicht mehr durch Tierversuche getestet werden. Das bedeutet jedoch nicht, dass Kosmetika tierversuchsfrei sind.
Die Hersteller testen die einzelnen Inhaltsstoffe der Kosmetika oder führen die Versuche in anderen Ländern durch. Da fast alle Inhaltsstoffe von Kosmetika irgendwann einmal im Tierversuch getestet wurden, gibt es nicht wirklich tierversuchsfreie Kosmetik. Wer jedoch auf altbewährte Stoffe zurückgreift, vermeidet neue Tierversuche. Der deutsche Tierschutzbund hat deshalb eine Liste von Kosmetikfirmen erstellt, die keine Inhaltsstoffe verwenden, die nach dem Stichtag 01.01.1979 getestet wurden.
Die Liste ist im Internet unter www.tierschutzbund.de/kosmetik-positivliste.html zu finden.

1. Um das Palmöl-Problem nicht zu verstärken, kann man auf Produkte zurückgreifen, die andere Öle (z. B. Raps- oder Sonnenblumenöl) enthalten oder man wählt Produkte, die auf biologisch angebautes und fair gehandeltes Palmöl zurückgreifen.
Erörtere die Vor- und Nachteile beider Strategien.

2. Überlege, warum Tierversuche zu kosmetischen Zwecken verboten werden, während sie zu medizinischen Zwecken weiterhin erlaubt sind.

ALTERNATIVEN ZUR HERKÖMMLICHEN KOSMETIK

Naturkosmetik

Es gibt keine festgelegten Bedingungen, die Naturkosmetik erfüllen muss. Deshalb sollte man vor dem Kauf eines Produktes prüfen, was der Hersteller genau darunter versteht. Das ist oft der Verzicht auf synthetische Inhaltsstoffe. Naturkosmetik besteht daher zum Großteil aus pflanzlichen, manchmal auch aus tierischen oder mineralischen Rohstoffen.

Für das bekannte Prüfzeichen, das **BDIH-Prüfzeichen**, gilt z. B.:
- Die pflanzlichen Inhaltsstoffe sind aus ökologischem Anbau.
- Erlaubt sind keine Rohstoffe aus toten Wirbeltieren.
- Die Produkte und die einzelnen Rohstoffe wurden nicht mit Tierversuchen getestet.
- Viele problematische Stoffe, wie z. B. bestimmte Konservierungsstoffe, synthetische Duft- und Farbstoffe und Erdölprodukte sind nicht erlaubt.

Es gibt jedoch auch noch eine Reihe von weiteren Siegeln.

Fairtrade-Kosmetik

Ein großer Teil der Rohstoffe aus fairem Handel kann auch in Kosmetika verwendet werden. Kosmetika mit dem Fairtrade-Siegel zeichnen sich dadurch aus, dass sie Rohstoffe aus fairem Handel enthalten.
Darüber hinaus enthalten die Kosmetika jedoch auch Wasser und synthetische Rohstoffe (die es im fairen Handel naturgemäß gar nicht gibt), weshalb Fairtrade-Kosmetik mit dem Hinweis „mit Fairtrade-Zutaten" verkauft wird.

Vegane Kosmetik

Vegane Kosmetik enthält keine Zutaten aus tierischen Bestandteilen. Anhand der Liste der Inhaltsstoffe lässt sich das nicht immer eindeutig feststellen, weil einige Substanzen (z. B. Glyzerin und Fettsäuren) mit oder ohne tierische Bestandteile hergestellt werden können. Kosmetik, die mit der „Veganblume" der „Vegan Society of England" ausgezeichnet wurde, ist auch tierversuchsfrei.

HAUSMITTEL

Wer anstatt herkömmlicher Kosmetika einfache Hausmittel verwendet, braucht sich um Inhaltsstoffe und Tierversuche keine Sorgen zu machen. Hier ein paar Beispiele:
- Handcreme: Hände mit Glyzerin einreiben
- Deo: Natron unter die Achseln pudern
- Peeling: Haut mit Kaffeesatz einreiben und anschließend abspülen
- Fettige Haut: Maske aus geriebenem Apfel und Honig auftragen und 20 Minuten einwirken lassen
- Bräune erhalten: Haut mit Karottensaft einreiben

---

1. Welcher der vier aufgeführten Alternativen zur herkömmlichen Kosmetik würdest du den Vorzug geben? Begründe deine Meinung.

2. Du hast ein Duschgel entwickelt, das sich in jeder Hinsicht zum Weltretten eignet. Schreibe einen Text, in dem du für diesen Artikel wirbst und alle Vorzüge des Duschgels auflistest. Dabei kannst du ruhig ein wenig fantasieren.

BLUT-, KNOCHENMARK- UND ORGANSPENDEN

Blutspende

Wer zwischen 18 und 68 Jahre alt ist und mindestens 50 Kilogramm wiegt, kann regelmäßig zum **Blutspenden** gehen. Dabei wird aus einer Vene in der Ellenbeuge etwa ein halber Liter Blut entnommen. Männer dürfen alle zwei Monate, Frauen nur alle drei Monate spenden. Um Kreislaufprobleme zu vermeiden, sollte man vorher genug trinken und etwas essen. Nicht spenden sollte, wer gerade eine **Infektion** hat oder bei wem die Gefahr besteht, an **Aids** oder **Hepatitis** erkrankt zu sein. Das gespendete Blut wird bei **Operationen** oder **Unfällen** benötigt, damit die Patienten eine **Bluttransfusion** bekommen können, wenn sie viel Blut verloren haben. Blutspender werden kostenlos mit Essen und Trinken versorgt und erhalten ein kleines Geschenk oder eine Aufwandsentschädigung bis zu 25 Euro. Die meisten Blutspendetermine führt das Rote Kreuz (www.drk-blutspende.de) durch, aber auch in Krankenhäusern kannst du Blut spenden.

Knochenmark- oder Blutstammzellenspenden

Für Menschen, die an Leukämie oder einer ähnlichen Krankheit leiden, ist die Übertragung von gesunden **Blutstammzellen** oft die einzige Möglichkeit, zu überleben. Wer gesund und über 18 Jahre alt ist, kann sich typisieren und in eine weltweite Spenderdatei eintragen lassen. Dafür ist eine Blutabnahme oder ein Abstrich der Wangenschleimhaut erforderlich. Wird festgestellt, dass die Merkmale eines Patienten mit denen eines Spenders übereinstimmen, wird der Spender nachgetestet. Nur etwa 1 % aller registrierten Menschen spenden tatsächlich. Bei einem mehrtägigen Krankenhausaufenthalt werden entweder mithilfe eines Medikamentes Stammzellen aus dem Blut gesammelt oder es wird unter Vollnarkose Knochenmark aus dem Beckenknochen entnommen. Mehr dazu beim zentralen Knochenmarkspenderegister Deutschland: www.zkrd.de.

---

1. *Überlege, ob du selbst bereit wärest, Blut, Knochenmark oder Organe zu spenden. Was spricht dafür, was dagegen?*
2. *Sammelt in der Klasse alle Fragen, die ihr noch zu Blut-, Knochenmark- und Organspenden habt. Versucht dann, diese Fragen mithilfe des Internets, z. B. über die angegebenen Adressen, zu beantworten.*

Organspende

Hättest du etwas dagegen, dass dir nach deinem Tod Organe entnommen und anderen Menschen, die sie dringend benötigen, transplantiert werden? Durch **Organspenden** können Menschenleben gerettet werden, denn es gibt unzählige Menschen, die in Deutschland auf eine Organspende warten, aber kein passendes **Spenderorgan** bekommen. Umfragen zufolge haben die wenigsten Menschen etwas dagegen, dass ihnen nach ihrem Tod Organe entnommen werden, trotzdem besitzen jedoch nur wenige Menschen einen **Organspendeausweis**. Das führt dazu, dass weniger Organe transplantiert werden, als es eigentlich sein könnten. Wenn du nicht willst, dass dir nach deinem Tod Organe entnommen werden, so kannst du das ab deinem 14. Geburtstag schriftlich festlegen. Wenn du nach deinem Tod gerne Organspender sein möchtest, so kannst du das ab dem 16. Geburtstag erklären. Du kannst deinen Wunsch einfach auf ein Stück Papier schreiben. Es gibt jedoch auch Organspendeausweise, auf denen du eintragen kannst, ob und, wenn ja, welche Organe entnommen werden dürfen, oder auch, wer im Falle deines Todes darüber entscheiden sollte. Einen Organspendeausweis bekommst du z. B. in Apotheken oder bei der Bundeszentrale für gesundheitliche Aufklärung (www.bzga.de).

IMPFUNGEN

WAS IST IMPFEN?

Eine **Impfung** ist eine **Vorbeugung** gegen eine **Viruserkrankung** oder eine **bakterielle Erkrankung**. Bei einer **aktiven Impfung** werden abgeschwächte oder abgetötete Krankheitserreger in den Körper eingebracht. Der Körper produziert daraufhin **Antikörper** und wird gegen die entsprechende Krankheit **immun**. Bei einer **passiven Impfung** werden die Antikörper direkt in den Körper eingebracht.

„Na, Fritzchen, weißt du denn auch, wogegen ich dich geimpft habe?"
„Klar – gegen meinen Willen!"

Impfen in Deutschland …

Obwohl die **Schutzimpfung** gegen Masern von Ärzten empfohlen wird, kommt es immer wieder zu Ausbrüchen in Deutschland (zuletzt im Winter 2014/2015), von denen insbesondere ungeimpfte Kinder betroffen sind. Komplikationen, wie Lungen-, Gehirn- und Hirnhautentzündung, können dabei auch zum Tod führen. In **Deutschland** besteht, im Gegensatz zu vielen anderen Ländern, **keine Impfpflicht**. Es gibt eine **ständige Impfkommission** (STIKO), die empfiehlt, welche Schutzimpfungen an allen Kindern und Erwachsenen durchgeführt werden sollten. Darüber hinaus gibt es Impfungen, die nur für bestimmte Personen empfohlen werden, z. B. solche, die sich oft im Ausland aufhalten. Weil die Krankheiten, gegen die geimpft wird, in Deutschland nur noch selten auftreten, kommt es hier zunehmend zu einer **Impfmüdigkeit**, bei der empfohlene Schutzimpfungen vernachlässigt werden. Manche religiöse Gruppen, aber auch Verfechter der alternativen Medizin, kritisieren das Impfen. Sie bezweifeln den **Nutzen von Impfungen**, führen **Impfschäden** und **Nebenwirkungen** ins Feld und berufen sich auf Fälle, in denen Impfstoffe vom Markt genommen werden mussten. Außerdem kritisieren sie, dass die STIKO zu schnell Impfungen empfiehlt, obwohl der Nutzen und die Wirksamkeit der Impfung noch gar nicht eindeutig bewiesen wurden.

… und anderen Ländern

Alice Dennis aus Liberia macht sich keine Sorgen mehr um ihre zehn Monate alte Tochter Amanda. Gerade hat sie zum dritten Mal den drei Stunden langen Fußmarsch in die Klinik auf sich genommen, um das Kind gegen **Polio** impfen zu lassen. Nun wird Amanda gesund aufwachsen. Polio oder **Kinderlähmung** ist eine gefährliche Viruserkrankung, die neben anderen Komplikationen auch zu lebenslangen Lähmungen und Gliedmaßendeformationen führen kann. In einigen Gebieten der Erde war sie die häufigste Ursache für kindliche Behinderungen. Durch Impfprogramme ist es gelungen, die Zahl der jährlichen Neuinfektionen von mehreren Hunderttausend auf 1 500 zu begrenzen. Für das Kinderhilfswerk UNICEF sind Impfprogramme die wichtigsten Gesundheitsmaßnahmen. Nur 20 Euro kostet es, ein Kind gegen die gefährlichsten Infektionskrankheiten impfen zu lassen.

---

1. *Was ist der Unterschied zwischen Impfmüdigkeit und Impfkritik?*

2. *Diskutiert über die Vor- und Nachteile, in Deutschland wieder eine Impfpflicht einzuführen.*

3. *Informiert euch im Internet über Argumente der Impfbefürworter und der Impfgegner und auch darüber, wie die beiden Gruppen versuchen, die Argumente der Gegenseite zu entkräften. Diskutiert dann das Thema Impfen in der Klasse.*

KLEIDER MACHEN LEUTE

Florian, Redakteur einer Schülerzeitung, hat ein Gespräch mit Schülern der 9. Klasse über Kleidung geführt.

Florian: Worauf achtet ihr, wenn ihr Kleidung kauft?

Tamara: Dass sie cool aussieht natürlich. Alles andere ist zweitrangig.

Florian: Und was ist cool?

Tamara: Also modisch muss es schon sein. Außerdem möchte ich anderen gerne zeigen, dass ich eine gute Figur habe.

Fiona: Naja, ich finde es auch wichtig, dass die Kleider zu mir passen. Ich möchte nicht wie so eine Popschlampe oder Modetussi aussehen. Letztes Jahr gab es unheimlich viel in Orange. Das steht mir überhaupt nicht.

Florian: Was ist euch Jungs wichtig?

Luca: Also ich fahre jeden Nachmittag Longboard, da muss das, was ich anhabe, vor allem bequem sein.

Tamara: Ich glaube, manchen Jungs in unserer Klasse ist das ganz egal. Die ziehen einfach das an, was ihre Mutter ihnen kauft.

Luca: Na und, warum nicht? Besser als die, die sich die teuren Markenklamotten kaufen, nur damit auch jeder sieht, wie viel Geld sie haben.

Florian: Kauft ihr denn auch bestimmte Marken?

Fiona: Ich denke, manchmal ist es schon besser, eine gute Marke zu kaufen. Das ist doch ärgerlich, wenn die Klamotten schon nach dem ersten Waschen ausgeleiert oder kaputt sind.

Ben: Ich finde es viel wichtiger, dass es Marken sind, wo nicht so viel Chemie drinsteckt. Neulich habe ich von einem neuen grünen T-Shirt so einen komischen Ausschlag bekommen. Ich glaube, ich war gegen den Farbstoff allergisch.

Jenny: Also, ich bin ganz oft auf dem Flohmarkt oder im Secondhandshop. Die Sachen dort sind schon so oft gewaschen worden, dass die ganze Chemie raus ist, und manchmal bekommt man sogar ein richtig gutes Label für wenig Geld.

Florian: Habt ihr auch schon einmal daran gedacht, wer die Kleidung herstellt?

Tamara: Wenn da „Made in China" draufsteht, werden es wohl Chinesen gewesen sein.

Ben: Das finde ich irgendwie blöd. Hier gibt es doch so viele Leute, die Arbeit suchen. Warum machen die dann das Zeug nicht in Deutschland?

Jenny: Weil das viel zu teuer wäre oder möchtest du doppelt so viel für deine Jeans bezahlen?

Florian: Was macht ihr eigentlich mit euren Kleidern, wenn sie zu klein sind oder nicht mehr passen?

Tamara: Die bekommt meine Schwester.

Fiona: Ab in den Altkleidercontainer.

Luca: Da macht meine Mutter Putzlappen draus.

Jenny: Meine Mutter gibt sie immer zum Basar in der Kirche.

Ben: Keine Ahnung, da kümmere ich mich nicht drum.

„Mode ist der wirksamste Weg der Textilindustrie, gegen die ständig wachsende Haltbarkeit der Stoffe anzukämpfen."
(Unbekannter Autor)

„Mode ist für gewöhnlich eine Form von Hässlichkeit – noch dazu eine so unerträgliche, dass man sie alle sechs Monate wechseln muss."
(Oscar Wilde, 1854–1900, Schriftsteller)

1. Schaue dir die Sprichwörter und Zitate an. Kannst du ihnen zustimmen? Beschreibe deine Einstellung zu Mode und Kleiderkauf.

2. In Florians Schule soll eine Schuluniform eingeführt werden. Vorher werden die Schüler befragt, was sie davon halten und wie eine solche Uniform aussehen sollte. Überlege, was Tamara, Fiona, Luca, Ben und Jenny wohl dazu sagen würden.

MODEMARKEN

"Hast du einen neuen Job?", wurde Moritz von seinem Opa gefragt. Es dauerte eine Weile, bis Moritz dahinterkam, dass das riesige Logo auf seinem T-Shirt den alten Mann auf die Idee gebracht hatte, er würde für eine Imbissbude gleichen Namens arbeiten. Seiner Schwester Marlene kann das nicht passieren. Sie trägt keine T-Shirts mit Aufdruck und schneidet aus all ihren Klamotten das Firmenlogo heraus. "Das Zeug war teuer genug, da brauche ich nicht auch noch Reklame dafür zu machen", meint sie.

MARKENWAHN

Die Kanadierin Naomi Klein hat den Bestseller "No Logo!" über Globalisierung und Markenwahn geschrieben. In einem Interview mit der "Zeit" am 15.03.2001 erklärte sie, dass Marken in der modernen Gesellschaft wie eine Art Schutzschild wirken, das den Menschen Sicherheit gibt:
"Die Marke füllt ein Vakuum. Wenn man jung ist, also in einem Alter, in dem man Teil einer Bewegung sein will oder sich abgrenzen möchte, ist man auf der Suche nach sich selbst. Da sind Symbole eine Form der Protektion, ein Schutzpanzer, der das ersetzt, was vor einiger Zeit noch politische, philosophische oder religiöse Ideen waren. Nach dem Motto: Wenn die richtigen Logos auf deinen Kleidungsstücken funkeln, kann dir nichts passieren."

Lohnt sich der Griff zur teuren Marke?

Als Jugendlicher ist man mit dem Vorwurf vertraut, dem **Markenwahn** verfallen zu sein. "Manche Schüler wagen sich mit den falschen Marken überhaupt nicht mehr in die Schule", liest man in der Presse. Teure Marken versprechen **Qualität** und ein bestimmtes **Lebensgefühl**. Das erreichen die Firmen, indem sie sehr viel Geld für **Werbung** ausgeben. Ob der hohe Preis tatsächlich für eine entsprechende Qualität bezahlt wird, ist für den Käufer schwer zu beurteilen. Nach einer Untersuchung von Modelabels der Zeitschrift "Ökotest" im Februar 2008 waren die Kleidungsstücke, die gefährliche Inhaltsstoffe aufwiesen, nicht am niedrigen Preis erkennbar. Das freie, selbstbestimmte Lebensgefühl, das durch die Werbung der Modefirmen vermittelt wird, steht meist in krassem Gegensatz zu den **Herstellungsbedingungen** in **Drittweltländern**. Die vielen Chinesinnen, die in einem Zulieferbetrieb auf der Insel Mauritius arbeiten, haben keine Zeit, den amerikanischen Traum zu leben, mit dem die Kleider, die sie nähen, beworben werden. Sie arbeiten fast täglich von 7 Uhr morgens bis 23 Uhr nachts im Akkord – und das zu Niedriglöhnen und unter unmenschlichen Bedingungen.

Arbeiterinnen in einem thailändischen Zulieferbetrieb wurde Trinkwasser mit Amphetaminen verabreicht, um die erzwungenen Überstunden durchzuhalten.

1. *Was bedeuten dir Marken? Könnt ihr Naomi Klein zustimmen? Gibt es in deiner Klasse einen Zwang zu bestimmten Marken?*

2. *Erstellt in der Klasse eine Liste mit Modemarken, die sich derzeit besonderer Beliebtheit erfreuen. Schreibt zu jeder Marke auf, womit sie wirbt und was ihr damit verbindet. Versucht, im Internet etwas über die Herstellungsbedingungen herauszufinden. Gebt dazu z. B. den Markennamen zusammen mit dem Wort "Zulieferbetriebe" oder "Menschenrechte" in die Suchmaschine ein.*

ROHSTOFFE FÜR KLEIDUNG 1/2

Baumwolle

Die meistverwendete Naturfaser ist **Baumwolle**, die aus den Samenhaaren des Baumwollstrauches gewonnen wird. Beim Anbau in großen Monokulturen werden mehr **Pestizide** verwendet als bei jeder anderen landwirtschaftlichen Produktion. Darunter sind starke Nervengifte, die häufig zu tödlichen Unfällen bei den Landarbeitern führen. In den USA und China ist ein Großteil der Baumwolle gentechnisch verändert. Obwohl Baumwolle natürlicherweise nur in den sommerfeuchten Tropen und Subtropen vorkommt, wird sie häufig in den sommertrockenen Subtropen angebaut. Das erfordert große Mengen an **Wasser** für die **künstliche Bewässerung**. Der ehemals viertgrößte Binnensee, der Aralsee, ist aufgrund der Wasserentnahme für den Baumwollanbau fast verschwunden. Wird Baumwolle mit Maschinen gepflückt, so müssen die Sträucher vorher mit Chemikalien entlaubt werden. Aus Umweltgründen sollte man **ökologisch angebaute Baumwolle** kaufen, die jedoch nur 0,5 % des Weltmarktes ausmacht. Weil sie nicht in Monokulturen angebaut wird, ist kein Pestizideinsatz nötig. Baumwolle mit dem **Fairtrade-Siegel** wird von Hand gepflückt und natürlich bewässert.

Baumwolle

Zum Jubiläum eurer Schule sollen T-Shirts mit Aufdruck verkauft werden.

1. Formuliert in Kleingruppen einen Brief an die Schulleitung, in dem ihr sie davon überzeugt, T-Shirts aus fair gehandelter Baumwolle, Bio-Baumwolle oder Hanf zu bestellen.

2. Welche Informationen benötigt ihr, um zu entscheiden, welche der drei Alternativen zu konventioneller Baumwolle die beste ist?

Möglichkeiten der Hanfnutzung:

- Textilien
- Papier
- Seile
- Dämmmaterial
- Einstreu
- Medizin
- Kosmetik
- Drogen
- Bio-Kraftstoff

HANF

Hanf ist eine der ältesten Nutzpflanzen der Welt. Weil die Pflanzen das Rauschmittel THC enthalten und als **Drogen** (Haschisch, Marihuana) genommen werden, wurde der Anbau 1964 in Deutschland verboten. Inzwischen dürfen spezielle **Nutzhanfsorten**, mit extrem niedrigen THC-Gehalten, unter strengen Auflagen wieder angebaut werden. Hanf ist vielfältig nutzbar, schädlingsresistent und pflegeleicht. Weil sein Anbau umweltverträglich ist und nur einen relativ geringen Energieeinsatz erfordert, sind Hanftextilien eine ökologische Alternative zu Baumwollprodukten. Eine andere Faserpflanze, die von der Baumwolle verdrängt wurde, aus Umweltgründen aber wieder an Bedeutung gewinnt, ist **Leinen** (Flachs).

Hanf (Cannabis)

ROHSTOFFE FÜR KLEIDUNG 2/2

Kunstfasern

Viele Kleidungsstücke enthalten chemisch hergestellte **Kunstfasern**. Seit 2003/2004 wird mehr Kleidung aus **Polyesterfasern** als aus Baumwolle gefertigt. Polyester wird nicht nur in der Bekleidungsindustrie eingesetzt und kann wieder verwertet werden. So lassen sich aus etwa 20 PET-Flaschen die Fasern für einen Fleecepullover gewinnen.

> Das **Erdöl**, das für einen Arbeitsanzug aus Polyester benötigt wird, entspricht der Menge Benzin, die auf einer Autofahrt von zehn Kilometern verfahren wird.

Weil sie leicht sind und schnell trocknen, haben sie erhebliche Vorteile gegenüber Wolle und Baumwolle. **Elastan** sorgt in Badeanzügen und Sportbekleidung für die nötige Dehnbarkeit. Der Rohstoff für solche Synthetikfasern ist Erdöl.
Es gibt auch **Zellulosefasern**, die aus Holz gewonnen werden. Sie sind das Ausgangsmaterial für Kunstseiden, wie **Viskose**. Für die Herstellung von Kunstfasern wird 3-mal soviel Energie aufgewendet wie für die Herstellung von Baumwollfasern. Die Gesamtökobilanz ist jedoch teilweise besser als die von Baumwollkleidung.

Daunenfedern

Daunenfedern zur Isolierung von Jacken stammen meist von Mastgänsen. Unproblematisch ist, wenn die Gänse erst nach der Schlachtung gerupft werden. Weil die Daunen nachwachsen, werden viele Gänse zusätzlich bis zu 4-mal im Leben lebendig gerupft. Gebrochene Gliedmaßen und Wunden sind dabei nicht selten, weil die Arbeiter, die nach Stückzahl bezahlt werden, schnell und brutal vorgehen.

Wolle

Wolle stammt meist von Schafen, die in extensiver Freilandhaltung gehalten werden und im Vergleich zu anderen Nutztieren ein glückliches Leben führen. Auch die Umweltbilanz von Schafzucht ist besser als die von Massentierhaltungen. In Deutschland erhalten Schafe Heidelandschaften und festigen durch ihren Tritt Deiche. Der deutsche Tierschutzbund kritisiert jedoch das extrem schmerzhafte „mulesing" bei australischen Schafen. Zur Vorbeugung gegen Fliegenmaden werden ihnen ohne Betäubung die Hautfalten um After, Scheide und Schwanz herausgeschnitten.

Schafwolle

Seide

Seide wird aus dem Kokon der Seidenraupe, der Larve des Seidenspinners, eines Schmetterlings, gewonnen und kommt meist aus China. Die Raupen ernähren sich von den Blättern der Maulbeerbäume, die extra für die Seidenproduktion angepflanzt werden. Das Garn wird gewonnen, nachdem die Kokons mit kochendem Wasser übergossen wurden.

---

3. Beschreibe, aus welchen Rohstoffen die Kleidung, die du gerade trägst, besteht. Die genaue Zusammensetzung steht meist auf einem Schild in der Kleidung.

4. Beschreibe, bei welchen Gelegenheiten du welche Materialien trägst und warum das so ist.

5. Welche Fasern und Bestandteile von Kleidung würdest du gerne meiden? Nenne die Gründe und überlege, welche Alternativen es gibt.

SIEGEL FÜR SAUBERE UND FAIRE KLEIDUNG 1/2

Ein sogenannter „Sweatshop" ist eine Fabrik in einem Entwicklungs- oder Schwellenland, in der Menschen unter schlechten Arbeitsbedingungen zu niedrigen Löhnen arbeiten. Sowohl billige Schnäppchenware als auch teure Markenware für multinationale Konzerne wird in den „Schweißbuden" produziert.

Sweatshop in Afghanistan. Hier sind es Männer, die dort arbeiten, häufiger sind es Frauen. ▶

© akg-images/Horizons

! Übrigens:

Eine Näherin, die in Indien Schuhe näht, muss von 1,50 Euro pro Tag leben. Schuhe, die hier im Laden 120 Euro kosten, verursachen in den Herstellerländern insgesamt nur 2,50 Euro Lohnkosten.

Informationen nach: www.saubere-kleidung.de/images/05_pdf/2015/2015-07-29_Change_your_shoes_FactSheet_1.pdf

Der Gebäudeeinsturz in Sabhar

Am 24. April 2013 stürzte in Sabhar, in Bangladesh, ein achtgeschossiges Gebäude ein, in dem mehrere Textilfabriken, sogenannte Sweatshops, untergebracht waren. Das Gebäude entsprach nicht den Sicherheitsbestimmungen. Am Tag zuvor waren bereits Risse entdeckt worden und die Polizei hatte den Zutritt verboten. Dennoch waren mehr als 3 000 Menschen, größtenteils Textilarbeiterinnen, in dem Gebäude, als es einstürzte. Über 1 000 von ihnen wurden getötet. Viele bekannte Kleidermarken, darunter auch deutsche, hatten in dem Gebäude produzieren lassen. Einige haben in einen Entschädigungsfonds für die Opfer eingezahlt, andere nicht.

1. Diskutiert in der Klasse die folgende Aussage: „Es ist falsch, die Bedingungen für Arbeiter in anderen Ländern an unseren Standards zu messen. Die Leute dort sind froh, überhaupt Arbeit zu haben, sonst würde es ihnen noch schlechter gehen."

KAMPAGNE FÜR SAUBERE KLEIDUNG (CLEAN CLOTHES CAMPAIGN)

Die **Clean Clothes Campaign** ist ein internationales Netzwerk mit dem Ziel, die **Arbeitsbedingungen in der Bekleidungs- und Sportartikelindustrie** zu verbessern. Auf den Webseiten erfährst du etwas über die Herstellungsbedingungen großer Firmen und was diese dafür tun, die Zulieferbetriebe zu überprüfen. Die deutsche Webseite ist verfügbar unter: www.saubere-kleidung.de

SIEGEL FÜR SAUBERE UND FAIRE KLEIDUNG 2/2

Für Kleidungsstücke gibt es verschiedene Siegel, die vergeben werden, wenn die Firmen, die mit dem Siegel zertifiziert sind, die Einhaltung bestimmter Standards (Sozialstandards, ökologische Standards, Gesundheitsstandards) garantieren.

Fair Wear Foundation: Die Firmen, die der Fair Wear Foundation beigetreten sind, verpflichten sich, gemeinsam mit ihren Lieferanten an der **Umsetzung der FWF-Arbeitsrichtlinien** zu arbeiten. Die FWF-Arbeitsrichtlinien basieren auf den Kernarbeitsnormen der Internationalen Arbeitsorganisation und beinhalten: freie Arbeitswahl, keine Ausbeutung durch Kinderarbeit, angemessene Arbeitszeit, keine Diskriminierung, rechtsverbindliche Arbeitsverträge, sichere und gesundheitsverträgliche Arbeitsbedingungen, Vereinigungsfreiheit und das Recht auf Kollektivverhandlungen sowie die Zahlung existenzsichernder Löhne. FWF kontrolliert, bewertet und berichtet über die Fortschritte der Mitglieder. Mitgliedsunternehmen, die bei den Bewertungen besonders gut abschneiden, dürfen das FWF-Logo auch direkt an der Kleidung nutzen. **Das FWF-Siegel ist das beste, was es in Bezug auf Sozialstandards gibt.** Hier kannst du sehen, welche Marken der FWF beigetreten sind: www.fairwear.org/36/brands.

IVN BEST: Das Siegel wird für Kleidungsstücke vergeben, bei deren **Herstellung soziale, ökologische und gesundheitliche Standards erfüllt werden. Jeder Verarbeitungsschritt innerhalb der Produktionskette wird geprüft. Die ökologischen Standards sind die besten, die derzeit möglich sind.** Die Kleidungsstücke müssen zu 100 % aus biologisch erzeugten Naturfasern stammen und es gibt eine lange Liste verbotener Chemikalien. Bei den Sozialstandards fehlt im Gegensatz zur Fair Wear Foundation die enge Zusammenarbeit mit den lokalen Organisationen, die für die Kontrolle wichtig ist. Nähere Infos erhältst du hier: http://naturtextil.de.

GOTS: Wie das IVN-Best-Siegel wird das GOTS-Siegel für Kleidungsstücke vergeben, bei denen hohe **soziale, ökologische und gesundheitliche Standards erfüllt werden**. Nähere Infos erhältst du hier: www.global-standard.org/de.

OEKO-TEX®: Der **STANDARD 100 by OEKO-TEX®** ist ein internationales, unabhängiges Zertifizierungssystem für schadstoffgeprüfte Textilien. Für Babykleidung und Kleidung, die direkt auf der Haut getragen wird, sind die Grenzwerte niedriger als z. B. bei Textilien ohne Hautkontakt und Dekomaterialien. Das Etikett bedeutet, dass für eine ganze Reihe von Schadstoffen bestimmte Grenzwerte eingehalten werden. Darüber hinaus gibt es das Label **MADE IN GREEN by OEKO-TEX®**. Die so gekennzeichneten Textilien sind schadstoffgeprüft und wurden zusätzlich mithilfe **umweltfreundlicher Produktionsbedingungen und unter sozial verantwortlichen Arbeitsbedingungen** hergestellt. STeP by OEKO-TEX® zertifiziert Betriebe, die nachweisen können, dass sie die geforderten Umwelt- und Sozialbedingungen erfüllen. Mehr Infos gibt es hier: www.oeko-tex.com.

2. Welche Aussagen sind wahr?
    a) Das GOTS-Siegel garantiert bessere ökologische und soziale Bedingungen als Kleider aus normaler Produktion.
    b) Das IVN-Best-Siegel ist das beste, was es im Hinblick auf die sozialen Standards gibt.
    c) Der ÖKO-TEX® Standard 100 garantiert, dass ein Kleidungsstück aus Bio-Baumwolle produziert wurde.
    d) Das FAIRWEAR-Siegel beinhaltet keine ökologischen Standards.

WOHIN MIT DEN ALTKLEIDERN? 1/2

Interview mit Andreas Voget, Geschäftsführer des Dachverbandes FairWertung e. V. in Essen

Was geschieht mit Kleidung, die in eine Altkleidersammlung gegeben wird?

Zunächst muss man wissen, dass die Menge der abgegebenen Kleidung in Deutschland um ein Vielfaches höher ist als der Bedarf vor Ort für bedürftige Menschen. Kleiderkammern und Sozialkaufhäuser gemeinnütziger Organisationen stellen die Versorgung der Menschen mit bezahlbarer Bekleidung hier vor Ort sicher. Die Sachen aus den Containern und den Straßensammlungen werden – genau wie Überschüsse aus den Sozialkaufhäusern – an Sortierbetriebe verkauft. Die gemeinnützigen Sammler erzielen damit Erlöse für ihre soziale Arbeit.

In den Sortierbetrieben schauen die Mitarbeiter, was noch tragbar ist und was nicht. Die Sachen, die kaputt und nicht mehr tragbar sind, werden an Recyclingfirmen verkauft, die die Stoffe wiederverwerten. Es werden Putzlappen daraus, Malervlies oder das Rohmaterial für die Innenverkleidungen von Autos. Noch gut erhaltene, tragbare Kleidungstücke, das ist ungefähr die Hälfte der Textilien in Altkleidersammlungen, werden als Secondhand-Kleidung weiterverkauft. Die meisten Sachen gehen so nach Osteuropa und Afrika. Vor allem für ärmere Menschen sind die Secondhand-Märkte die beste Möglichkeit, sich mit bezahlbarer Bekleidung von guter Qualität zu versorgen.

Wie kann man erkennen, ob eine Sammlung einem guten Zwecken dient?

Für viele gemeinnützige Organisationen ist das Sammeln und Verkaufen von Altkleidern eine wichtige Einnahmequelle zur Finanzierung ihrer sozialen Zwecke. Es ist allerdings nicht immer zu erkennen, wer wirklich hinter einer Sammlung steckt und davon profitiert. In jedem Fall ist das Zeichen FairWertung auf einem Container oder einem Sammelaufruf eine wichtige Hilfe. Es bedeutet, dass die Textilien direkt oder indirekt den sozialen Zwecken des Vereins zugutekommen.

Leider machen es manche Sammler den Spendern richtig schwer, indem sie vortäuschen, für soziale Zwecke zu sammeln. Daher sollte man sich jeden Container oder Sammelzettel genau ansehen. Es sollte immer eine vollständige Adresse mit Kontaktdaten des Sammlers angegeben sein. Ist dagegen nur eine Handynummer zu finden, sollte man skeptisch sein.

Manche Sammler werben mit Formulierungen wie „Helfen Sie, damit wir helfen können!" oder „Jede Spende hilft!" auf den Sammelzetteln und -containern. Es wird also so getan, dass mit jedem Kleidungsstück, das gespendet wird, der Erlös für soziale Hilfe steigt. Das stimmt aber oftmals gar nicht. Auch bei Wäschekörben oder Sammeleimern, die plötzlich vor der Haustür stehen, handelt es sich fast immer um Sammlungen von Firmen, die mit gemieteten oder sogar erfundenen Namen arbeiten.

Was unterscheidet Sammlungen mit dem FairWertung-Zeichen von anderen Sammlungen?

Zunächst ist sichergestellt, dass die gespendeten Textilien direkt oder indirekt sozialen Zwecken dienen. Zudem haben sich die der FairWertung angeschlossenen Organisationen freiwillig auf Standards für eine faire und transparente Sammlung verpflichtet. Sie überlassen z. B. nicht ihren Namen oder ihr Logo, sondern führen die Sammlung selbst durch. Außerdem informieren sie wahrheitsgemäß darüber, was mit den gesammelten Textilien geschieht. Nicht zuletzt verfolgt FairWertung den Weg der Kleidung nach der Sammlung bis in den Sortierbetrieb. Ein verantwortlicher Umgang mit den gespendeten Klamotten ist also sichergestellt.

- In Deutschland werden in jedem Jahr bis zu eine Million Tonnen Altkleider in eine Sammlung gegeben. Diese Menge füllt 62 000 Lkw. Würde man diese aneinanderreihen, ergäbe das eine Lkw-Schlange von Flensburg bis Innsbruck.
- Ca. die Hälfte der Textilien aus Sammlungen ist noch tragbar, weitere 40 % werden dem Recycling zugeführt. Bis zu 10 % muss als Müll entsorgt werden.
- In vielen afrikanischen Ländern ist Secondhand für viele Menschen die beste Möglichkeit, sich mit Bekleidung auszustatten.

WOHIN MIT DEN ALTKLEIDERN? 2/2

Sollte man gut erhaltene Kleidung nicht besser in einem Secondhandladen oder im Internet verkaufen, als sie irgendeiner Kleidersammlung zuzuführen?

Oftmals sind die Leute sehr enttäuscht über die Preise, die man für die eigenen Klamotten im Netz bekommt; vor allem bei dem Aufwand für das Fotografieren, Hochladen und Verschicken. Bei den Secondhandläden ist es dagegen oft so, dass sie nur die allerbesten Stücke nehmen; die meisten Läden nehmen aber gar keine Kleidung von Kunden an, sondern kaufen von Sortierbetrieben. Wer möchte, dass seine Bekleidung möglichst für soziale Zwecke eingesetzt wird, sollte die Textilien bei einer örtlichen Kleiderkammer, in einem Sozialkaufhaus abgeben oder in eine Container- oder Straßensammlung mit dem Zeichen FairWertung geben.

Was bedeuten die gebrauchten Kleidungsstücke für die Menschen in den ärmeren Ländern?

Es gibt weltweit eine große Nachfrage nach Secondhand-Bekleidung – besonders aus ärmeren Ländern. Denn viele Menschen dort können sich neue Bekleidung nicht leisten. Secondhand-Bekleidung ist daher für sie die beste Möglichkeit, sich mit bezahlbaren Klamotten von guter Qualität zu versorgen.

Vernichtet der Gebrauchtkleidermarkt Arbeitsplätze?

Mit dem Sammeln und Sortieren von aussortierter Bekleidung verdienen in Deutschland und den Nachbarländern zahlreiche Menschen ihren Lebensunterhalt. Hinzu kommen die vielen Kleinhändler und Schneider, vor allem in Afrika. Insgesamt leben so weltweit viele Tausend Menschen auf den Secondhand-Märkten von dem Handel mit Altkleidern. Vermutlich ein Vielfaches an Beschäftigung, die eine afrikanische Bekleidungsindustrie bieten könnte.

Also ist es in Ordnung, dass unsere Altkleider nach Afrika transportiert werden?

Im Prinzip schon, weil Menschen mit wenig Geld sich ihr Einkommen mit dem Handel von Secondhand-Bekleidung verdienen können und zeitgleich ein Angebot an guter, bezahlbarer Bekleidung vorhanden ist. Andererseits wächst der Berg an Gebrauchtkleidung bei uns in Europa immer weiter. Wir kaufen einfach immer mehr Bekleidung für uns. Wir sollten uns alle einmal fragen: Müssen wir Kleidung, deren Herstellung viel Energie und Ressourcen verschlingt und die wir eigentlich noch tragen könnten, wirklich so schnell wieder entsorgen, wie wir es heute tun?

Was gehört in eine Altkleidersammlung?

Eine einfache Regel lautet: In die Sammlung gehört nur das, was ich noch tragen könnte. Gesammelt werden insbesondere Kleidung, Haushaltstextilien (z. B. Bettwäsche und Handtücher) und Schuhe. Alle Sachen sollten sauber, trocken und gut verpackt sein.

Was sollte man auf keinen Fall in eine Altkleidersammlung geben?

Nasse, stark verschmutzte oder stark beschädigte Kleidung und Wäsche, völlig abgetragene Schuhe und Einzelschuhe sowie Gummi- oder Skistiefel gehören in die Mülltonne.

Der Dachverband FairWertung ist ein Zusammenschluss von über 125 gemeinnützigen Organisationen, die Altkleider sammeln. FairWertung hat Standards für eine faire und transparente Sammlung entwickelt. Alle angeschlossenen Organisationen haben sich freiwillig auf die Einhaltung der Standards verpflichtet. Sie sind am Zeichen FairWertung zu erkennen.

---

1. *Eines deiner Lieblingskleidungsstücke ist noch gut erhalten, aber leider zu klein geworden. Was würdest du dir wünschen, was damit geschehen soll?*

2. *Lege eine Liste mit guten Gründen an, weshalb man gut erhaltene Kleidung nicht einfach in den Müll werfen sollte.*

LINKTIPP

Mehr Informationen zu Kleidersammlungen und Abgabemöglichkeiten bei FairWertung Organisationen gibt es unter: www.fairwertung.de.

LEDER UND PELZ

FAKTEN ÜBER LEDER

Leder ist chemisch haltbar gemachte Tierhaut ohne Haare. Es stammt zu 80% von **Rindern**. Bei der Schlachtung eines Rindes werden nur 10% des Erlöses für die Haut erzielt. Viele sehen daher in Leder ein Abfallprodukt, welches sowieso anfällt. Aufgrund der großen Nachfrage wird das meiste Leder aus **Indien und China** importiert. In China gibt es kein Tierschutzgesetz, in Indien werden die „heiligen Milchkühe" unter grausamen Bedingungen in die wenigen, weit entfernten Schlachthöfe getrieben. Wenn Kühe im Stall gehalten wurden, ist das Leder besser, weil es weniger Verletzungen aufweist. Beliebt ist auch besonders weiches Leder von sehr jungen Tieren. Lederprodukte sind mit dem Hinweis „Echt Leder" gekennzeichnet. Der „Made in …"-Hinweis bezieht sich darauf, wo das Produkt hergestellt wurde, nicht darauf, woher das Leder kommt. **Bio-Leder** ist umweltfreundlich verarbeitetes Leder, nicht etwa Leder aus artgerechter Tierhaltung. Die **konventionelle Gerberei** ist sehr **umweltbelastend**. Rückstände von giftigen Substanzen, wie Chrom, werden auch in den Endprodukten nachgewiesen.

Diagnose Schuhtick!

Entertainerin Verena Pooth besitzt 300, Ex-Diktatorengattin Imelda Marcos hatte 3 000 und Popstar Mariah Carey bekundet gar, 10 000 Paar Schuhe ihr Eigen zu nennen. Laut einer Umfrage des Gewis-Instituts haben die Hälfte der Frauen mehr als 25 Paar Schuhe im Schrank.

1. Welche Lederartikel besitzt du? Für welche davon kannst du dir gut vorstellen, ein Ersatzprodukt aus einem anderen Material zu verwenden, für welche nicht?
2. Schuhtick – putzig oder peinlich? Diskutiert, wie viel Paar Schuhe man jedem Menschen vernünftigerweise zugestehen sollte, und entwerft ein Flugblatt zur Heilung der Betroffenen.
3. Bildet zu jeder der angeführten Pelztierarten eine Kleingruppe und recherchiert zu dem Tier und seiner Nutzung im Internet oder der Schulbibliothek. Präsentiert die Ergebnisse als Poster oder Referat vor der Klasse. Pelztiere: Nutria, Bisamratte, Chinchilla, Zobel, Fuchs, Iltis, Karakul, Nerz, Waschbär.
4. Was spricht dafür, was dagegen, einen Kunstpelz zu tragen?

Nein zu Pelz!

Zehn bis 20 **Füchse** oder 130–200 **Chinchillas** müssen für einen **Pelzmantel** sterben. Egal, um was für Tiere es sich handelt: Auf Pelzmäntel sowie Accessoires und Besätze aus echtem Pelz sollte man besser verzichten. Viele **Wildtiere** wurden wegen ihres Pelzes fast ausgerottet. Deshalb ist, allein aus Artenschutzgründen, die Einfuhr bestimmter Felle, wie die von gefleckten Großkatzen, verboten. Doch Millionen anderer Tiere, wie Füchse und Waschbären, verenden qualvoll und stundenlang in Fallen. Auf **Pelzfarmen**, in denen Nerze, Füchse, Chinchillas und Nutrias gehalten werden, leben die Tiere in winzigen Drahtkäfigen. Verletzungen, Infektionen und schwere Verhaltensstörungen sind die Folge.

Für Kunstpelz müssen keine Tiere leiden und er ist oft von echten Pelzen kaum zu unterscheiden. Leider ist, wenn es um kleinere Accessoires, wie z. B. Kapuzenbesätze geht, Kunstpelz nicht billiger als Echtpelz, sodass hier manchmal ohne das Wissen des Käufers tatsächlich echte Pelze verwendet werden. Eine ganze Reihe von Händlern hat sich jedoch bereits verpflichtet, auf Pelz zu verzichten. Eine Liste findet ihr hier: www.tierschutzbund.de/Pelzfreie-Warenhaeuser.html

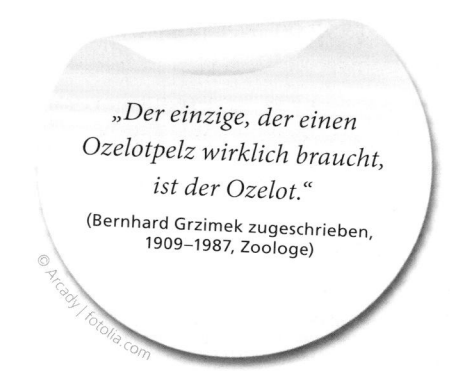

„Der einzige, der einen Ozelotpelz wirklich braucht, ist der Ozelot."
(Bernhard Grzimek zugeschrieben, 1909–1987, Zoologe)

DER BLAUE ENGEL

Der Blaue Engel ist ein deutsches Umweltzeichen, welches seit 1978 für **umweltschonende Artikel und Dienstleistungen** vergeben wird. Es kennzeichnet Produkte, die im Vergleich zu anderen Produkten gleichen Nutzens umweltfreundlicher sind. Das sind derzeit etwa 12 000. Der Blaue Engel bedeutet nicht, dass das Produkt in Bezug auf Umwelt und Gesundheit unbedenklich ist. Es stellt nur innerhalb der jeweiligen Gruppe die besten Produkte dar, bei denen die Umwelt so wenig wie möglich belastet wird. Jeder kann beim Umweltbundesamt einen Vorschlag auf Auszeichnung eines bestimmten Produktes stellen. Bei der Prüfung wird der Lebensweg eines Produktes betrachtet und möglichst viele **Aspekte des Umwelt- und Gesundheitsschutzes** miteinbezogen. Im Vordergrund stehen dabei die, die für das entsprechende Produkt am wichtigsten sind. Das können z. B. die **Schadstoff- und Lärmbelastung** oder die **Einsparung von Rohstoffen, Wasser und Energie** sein. Auf dem Umweltzeichen steht hierzu auch ein Hinweis, z. B. „weil emissionsarm". Tragen zwei Produkte einer Gruppe der Blauen Engel, ist nicht erkennbar, welches davon besser ist. Lebensmittel und medizinische Produkte sind von der Kennzeichnung mit dem Blauen Engel ausgeschlossen.

Das Umweltzeichen „Der Blaue Engel"

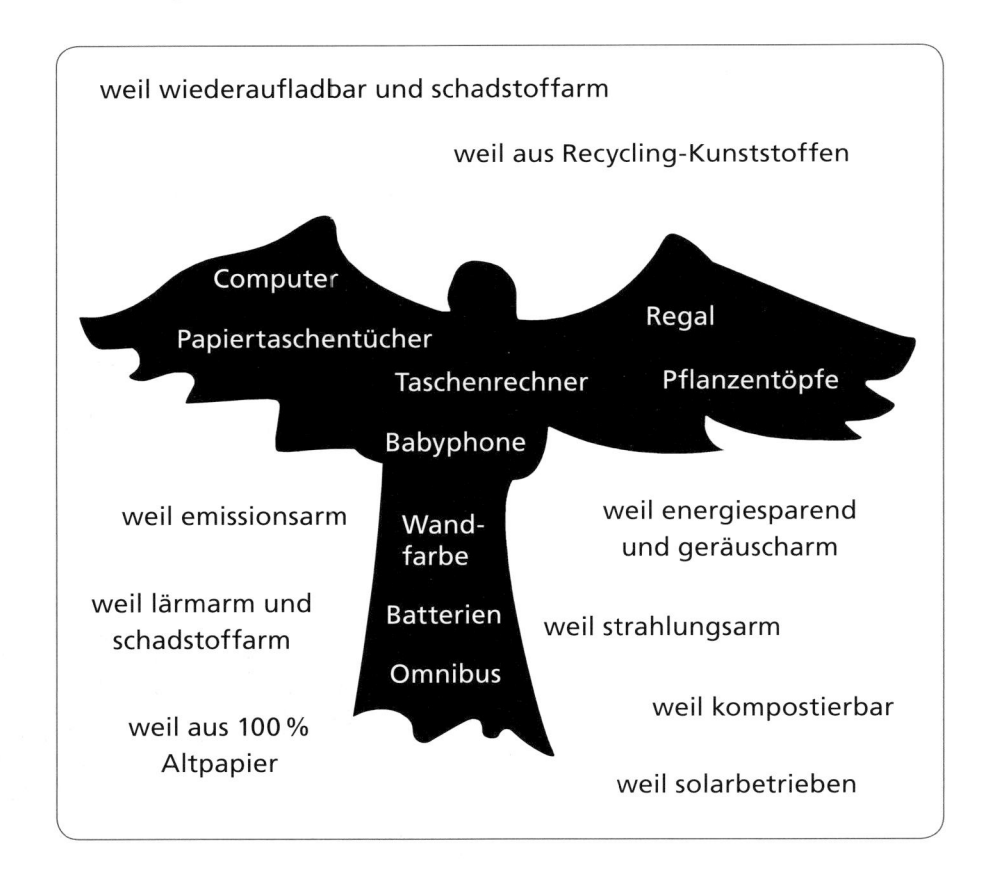

Produkte (im Engel-Umriss):
- Computer
- Papiertaschentücher
- Taschenrechner
- Babyphone
- Wandfarbe
- Batterien
- Omnibus
- Regal
- Pflanzentöpfe

Gründe:
- weil wiederaufladbar und schadstoffarm
- weil aus Recycling-Kunststoffen
- weil emissionsarm
- weil lärmarm und schadstoffarm
- weil aus 100 % Altpapier
- weil energiesparend und geräuscharm
- weil strahlungsarm
- weil kompostierbar
- weil solarbetrieben

---

1. Schaue dir die Produkte in der Abbildung links an und ordne sie mit Linien den Gründen zu, aus denen sie den Blauen Engel erhalten haben.

2. Gehe auf die Webseite *www.blauer-engel.de* und schaue nach, welche Produktarten mit dem Blauen Engel ausgezeichnet werden können. Welche Produktarten vermisst du? Überlege, wonach man sie untersuchen und auszeichnen sollte.

3. Träger des Umweltzeichens müssen eine Gebühr zahlen, die sich danach richtet, wie hoch der Umsatz ist, der mit dem Produkt erzielt wird. Ist diese Gebühr berechtigt?

HANDYS, COMPUTER UND INTERNET 1/2

Rohstoffgewinnung

Seit Jahrzehnten herrscht im Kongo Bürgerkrieg. Im Osten des Landes terrorisieren Rebellen die Bevölkerung. Sie vertreiben die Menschen aus ihrem Land, vergewaltigen und entführen Frauen und ermorden ganze Familien. Das Geld, das den Banditen erlaubt, Waffen zu kaufen und den Bürgerkrieg seit Jahren fortzusetzen, stammt aus der illegalen Ausbeutung eines Rohstoffes: Dem Erz Coltan, aus dem Tantal, ein extrem hitze-, rost- und säurebeständiges Metall, gewonnen wird. Der seltene Rohstoff wird unter anderem in Handys verwendet. Obwohl viele Firmen bestreiten, den Rohstoff von den Rebellen zu beziehen, floriert der Handel. In der Aktion „Saubere Handys" wird von den Handyherstellern ein Nachweis über die Herkunft der verarbeiteten Mineralien gefordert. Anstatt von den Rebellen soll das Coltan besser von staatlichen Minen gekauft oder selbst abgebaut werden. Hier geht es zu der Unterschriftenaktion:
www.missio-hilft.de/de/aktion/schutzengel/fuer-familien-in-not-weltweit/petition

Kupfermine in Chile

Herstellung

Ein Smartphone kostet im Laden etwa 500 Euro. Der Arbeiter, der ein solches Smartphone in einer chinesischen Fabrik herstellt, bekommt 340 Euro Monatsgehalt. Dafür muss er oft bis zu 72 Stunden in der Woche arbeiten. Es reicht, um selbst durchzukommen, nicht jedoch um eine Familie zu gründen. Hat ein Angestellter einen Arbeitsunfall und wird krankgeschrieben, muss er mit 150 Euro pro Monat auskommen. Vor fünf Jahren hatten sich in einer solchen Fabrik mehrere Arbeiter umgebracht und die dort katastrophalen Arbeitsbedingungen waren öffentlich geworden. Seitdem hat sich einiges verbessert, doch faire Bedingungen sehen immer noch anders aus.

Informationen nach: www.taz.de/Arbeitsbedingungen-bei-Foxconn/!5056335/

In deinem Handy sind eine ganze Reihe von Metallen enthalten, die jeweils eine bestimmte Funktion erfüllen. Die Bedingungen, unter denen die Metalle gewonnen werden, sind für jedes einzelne von ihnen problematisch:

Kupfer leitet den Strom. In Chile und Indonesien, wo sehr viel Kupfer gewonnen wird, werden die Menschen von ihrem Land vertrieben. Beim Kupferabbau wird giftiges Arsen eingesetzt, welches den Boden und das Wasser verseucht.

Im Gehäuse des Handys ist viel **Aluminium** enthalten. Es wird vor allem in Australien, China und Indien aus Bauxit gewonnen, wobei sehr viel Energie benötigt wird.

Um die Bauteile des Handys zusammenzulöten, wird **Zinn** benötigt. Es kommt hauptsächlich aus Indonesien, wo auch Kinder in den schlecht gesicherten, gefährlichen Minen arbeiten müssen. Der Zinnabbau gefährdet darüber hinaus Regenwälder und Korallenriffe.

Der Akku des Handys enthält **Kobalt**. Auch in der weltweit größten Kobaltmine in der Demokratischen Republik Kongo arbeiten kleine Kinder, obwohl die Arbeit in der schlecht gesicherten Mine lebensgefährlich ist.

Auf den Kontakten der SIM-Karte und am Akku findest du **Gold**, weil es ein guter Leiter ist. Aus 100 Kilogramm Gestein lassen sich aber nur 0,04 Gramm Gold gewinnen, weshalb der Abbau sehr aufwändig ist und dafür Regenwälder zerstört und viele Menschen vertrieben werden müssen. Zudem verseuchen das Quecksilber und Zyanid, mit dem das Gold aus dem Gestein herausgelöst wird, das Trinkwasser. Gold wird z. B. in Peru gewonnen.

Tantal (s.o.) dient dem Speichern von Energie. In der Demokratischen Republik Kongo wird durch den Abbau der Bürgerkrieg unterstützt und der Regenwald, die Heimat von Berg- und Tieflandgorillas, zerstört. Trotz der beträchtlichen Gewinne sind schlechte Bezahlung und Kinderarbeit üblich.

Informationen nach: www.abenteuer-regenwald.de/bedrohungen/coltan-gold/handy

HANDYS, COMPUTER UND INTERNET 2/2

Lebensdauer

Die Herstellung von Handys, Computern usw. ist sehr aufwändig und führt zu einer schlechten Ökobilanz. Deshalb sollte man ein Gerät möglichst lange nutzen und, wenn möglich, reparieren lassen, anstatt es oft durch ein neues zu ersetzen.

Recycling

Handys, Computer und andere Elektrogeräte enthalten zum einen wertvolle Rohstoffe und zum anderen gefährliche Gifte. Beides ist ein Grund, sie auf keinen Fall auf den Müll zu werfen, sondern stattdessen an den Elektroschrott-Sammelstellen abzugeben. Viele Elektrogeräte werden am Ende ihrer Gebrauchszeit unter der Hand nach Asien und Afrika verkauft und landen dort auf illegalen Müllkippen. Um an die kostbaren Rohstoffe zu gelangen, werden die Geräte trotz der darin ebenfalls enthaltenen Gifte unsachgemäß auseinandergeschraubt. Dabei geraten zum einen die Menschen in Gefahr und zum anderen wird die Umwelt vergiftet.

Leider werfen noch immer viele Menschen ihre Handys in den Müll oder lassen sie in Schubladen vergammeln. Schlauer ist es, sein altes Handy unfrankiert in einem Umschlag an die deutsche Telekom zu schicken. Die zahlt dann dafür Geld an Naturschutzprojekte: www.handysfuerdieumwelt.de

Energieverbrauch

Allein für den Energieverbrauch von Elektrogeräten und Internetsurfen werden in Deutschland zehn Kraftwerke betrieben. Dabei wird mehr Energie verbraucht als durch Flugreisen. Ein großer Plasma-Bildschirm verbraucht soviel Strom wie sechs Kühlschränke. Auch eine Suchanfrage im Internet oder ein virtueller Charakter bei einem Online-Computerspiel belastet das Klima, weil dafür Server bereitgestellt werden müssen. Um Energie zu sparen, kann auch jeder selbst etwas tun.

- Möglichst kleine Geräte und kleine Bildschirme nutzen, da sie meist klimafreundlicher sind
- Keine besonders leistungsfähigen Geräte, wie Gamer-PCs oder Multimedia-PCs, kaufen, wenn man sie nicht unbedingt benötigt
- Beim Kauf eines Gerätes auf den Stromverbrauch und Prüfzeichen, wie z. B. den Blauen Engel (vgl. S. 64) oder Energy Star achten
- Das Gerät so einstellen, dass es schnell in den Schlaf- und Energiesparmodus fällt
- Ladegeräte immer vom Netz nehmen, wenn gerade kein Gerät geladen wird, da sie trotzdem Strom ziehen
- Kombi-Geräte (z. B. Drucker, Scanner, Kopierer) anstatt Einzelgeräte nutzen
- Nicht benötigte Daten und Programme löschen
- „Grüne" Suchmaschinen nutzen, die den Klimaschaden durch Spenden an Klimaprojekte ausgleichen (z. B. www.ecosia.de)
- Präzise Suchanfragen stellen

---

1. Was ist der Unterschied zwischen einem fairen und einem umweltfreundlichen Handy und welche Eigenschaften sollten ein faires und ein umweltfreundliches Handy jeweils haben?

2. Auf der vorherigen Seite findest du einige Tipps, wie du selbst umweltfreundlicher mit elektronischen Geräten umgehen kannst. Welche Tipps findest du hilfreich, welche nicht so sehr? Begründe deine Meinung.

3. Ein faires Handy hat die niederländische Initiative Fairphone auf den Markt gebracht. Recherchiere dazu im Internet und finde heraus:
- warum dieses Handy fair ist,
- was das Handy kostet und
- was es z. B. im Vergleich zu deinem Handy zu bieten hat.

Auch die „Spider App" lässt sich reparieren!

FRISCHFASERPAPIER UND ALTPAPIER

Etwa 20 % des weltweit geschlagenen Holzes wird zur **Papierherstellung** verwendet. Ein großer Teil stammt aus den letzten Urwäldern der Erde in Skandinavien, Kanada und Sibirien. Tropenholz ist ungeeignet für die Papierherstellung. In südlichen Ländern werden jedoch für Papierrohstoffe **Plantagen** angelegt, für die **Urwald** weichen muss. Aus dem Holz werden **Zellulosefasern** gewonnen. Es wird mit Schleifmaschinen bearbeitet oder chemisch behandelt. Papier aus chemisch behandelten Fasern hat eine bessere Qualität und vergilbt langsamer. Es wird als **„holzfrei"** bezeichnet, obwohl der Rohstoff ebenfalls Holz ist. Vor der Verarbeitung zu Papier muss der Faserstoff gebleicht werden. **Chlorfrei gebleichtes Papier** ist heutzutage Standard, Chlorverbindungen werden jedoch auch bei den so ausgezeichneten Papieren noch verwendet. Auch durch sie gelangt, wenn auch in geringerem Maße, umweltschädliches Chlor in die Gewässer. Nur **TCF-Papiere** sind wirklich mit umweltfreundlichen Alternativen, wie Sauerstoff, gebleicht. **Recyclingpapier** ist **Frischfaserpapier** vorzuziehen, weil dadurch Rohstoffe, Wasser und Chemikalien eingespart werden. Altpapier kann etwa 5-mal recycelt werden, bevor die Fasern dafür zu kurz werden. Beim Entfärben **(de-inking)** werden mithilfe von Chemikalien die Druckerfarben aus dem Altpapier herausgewaschen. Recyclingpapier ist genauso weiß und von gleicher Qualität wie Frischfaserpapier. Noch umweltfreundlicher ist das graue **Umweltschutzpapier**, bei dem auch auf das Entfärben verzichtet wurde.

Papierfabrik

Blauer Engel: Dieses Siegel garantiert, dass das Papierprodukt zu 100 % aus Altpapier hergestellt wurde und darüber hinaus keine umweltbelastenden Chemikalien verwendet wurden.

FSC (Forest Stewardship Council)-Siegel: Dieses Siegel garantiert, dass der Rohstoff für das entsprechende Papier aus einer Waldwirtschaft stammt, die Tier- und Pflanzenarten schützt und darüber hinaus umwelt- und sozialverträglich ist.

Wer Recyclingpapier anstatt von herkömmlichem Papier nutzt, spart ...

- ... bei 3 Blatt so viel Energie, wie zum Kochen einer Kanne Kaffee benötigt wird
- ... bei 6 Blatt einen Liter Wasser
- ... bei 500 Blatt so viel Energie, wie für eine Maschinenwäsche benötigt wird
- ... bei einer Tonne so viel CO_2, wie ein durchschnittliches Auto auf 1 000 km ausstößt

Wenn die gesamte Finanzbranche in Deutschland auf Recyclingpapier umstellen würde, könnte mit der eingesparten Energie eine Großstadt, wie Kassel, versorgt werden.

Informationen nach: http://papiernetz.de/wp-content/uploads/IPR-Report2014_A4_PRINT.pdf

---

1. *Du hast die Wahl zwischen einem Schulheft mit dem Blauen Engel und einem mit dem FSC-Siegel. Welches Heft würdest du bei gleichem Preis kaufen? Begründe deine Entscheidung.*

2. *Auf einigen Schulheften prangt das „Aqua pro Natura – Weltpark Tropenwald"-Siegel. Es garantiert, dass das Papier chlorfrei gebleicht ist und nicht aus Tropenhölzern stammt. Was hältst du von diesem Siegel?*

3. *Lege eine Liste an, für welche Dinge du Papier benötigst. Überlege, bei welchen Papierprodukten es dir nichts ausmachen würde, wenn das Papier nicht entfärbt (de-inkt), also grau gefärbt wäre.*

> 4 ▷▷ KÖRPERPFLEGE, GESUNDHEIT, KLEIDUNG UND HAUSHALT

PAPIER NUTZEN 1/2

Jeder Deutsche verbraucht im Jahr ca. 150 kg Papier. Das ist etwa ein Harry-Potter-Band pro Tag und 5-mal so viel wie der Papierverbrauch im weltweiten Durchschnitt.

Ein deutsches Kind hat in seinen ersten Lebensjahren bereits mehr Papier verbraucht als manch ein Afrikaner in seinem ganzen Leben.

SCHULE

Obwohl Schulmaterial aus 100% Altpapier genauso so gut ist wie aus Frischfaserpapier, ist es in Geschäften wenig verbreitet. Darüber hinaus vermitteln auch die mit Tierbildern geschmückten Umschläge der Frischfaserhefte auf den ersten Blick einen umweltfreundlichen Eindruck. Deshalb solltest du auf den Blauen Engel achten. Weil diese Hefte jedoch nicht überall verkauft werden, kann es sinnvoll sein, gemeinsam mit der Klasse eine Sammelbestellung aufzugeben, z. B. bei: www.robinwood-shop.de/de/schulhefte
Wer darüber hinaus der Umwelt etwas Gutes tun will, entscheidet sich bei Zubehör, wie Schnellheftern, Klemmbrettern und Mousepads, für Produkte aus Recyclingkarton.

COMPUTER

Die Hoffnung, mit fortschreitendem Einzug des Computers eines Tages „papierlose Büros" zu haben, hat sich nicht erfüllt. Im Gegenteil: So viel Papier, wie man in kurzer Zeit bedrucken kann, lässt sich gar nicht beschreiben und der Papierverbrauch stieg an. Junge Menschen sind eher bereit, Texte auf dem Handy oder am Computer zu lesen, und vielleicht ist das papierlose Büro, welches in der Tat Umwelt und Klima schonen würde, eines Tages doch möglich. Du kannst dazu beitragen, indem du möglichst wenig ausdruckst. Weil Druckertinte sehr teuer ist, spart das auch eine Menge Geld. Ansonsten kannst du Papier sparen, indem du die Texte vorher verkleinerst und beidseitig druckst. Nutze einseitig bedrucktes oder beschriebenes Papier für Notizen.

BÜCHER, ZEITSCHRIFTEN UND PROSPEKTE

Wenn ein Buch oder eine Zeitschrift umweltfreundlich gedruckt wurde, so steht das meist im Impressum. Zeitungspapier wird ohnehin aus 100% Altpapier hergestellt. Wichtig ist, sich vor Lesestoff zu schützen, den man gar nicht haben will. Gegen unadressierte Werbepost helfen „Bitte keine Werbung"-Aufkleber auf dem Briefkasten. Ein Eintrag in die Robinson-Liste: www.robinsonlisten.de kann verhindern, dass deine Adresse zu Werbezwecken weitergegeben wird.

74 % des Altpapiers wird wieder eingesammelt. Zu 68 % wird Altpapier in der Papierproduktion eingesetzt.

Informationen nach:
www.umweltbundesamt.de/daten/
abfall-kreislaufwirtschaft/entsorgung-
verwertung-ausgewaehlter-abfallarten/
altpapier

PAPIER NUTZEN 2/2

ℹ

Die Autorin Joanne K. Rowling macht sich in allen Ländern für einen umweltfreundlichen Druck ihrer Harry-Potter-Bände stark. In den USA wurde der 6. Harry-Potter-Band noch gänzlich auf Frischfaserpapier gedruckt, während die kanadische Ausgabe bereits aus 100 % Altpapier bestand, eine Maßnahme, die etwa 30 000 Bäumen das Leben rettete. Umweltverbände riefen deshalb zu einem Boykott der US-amerikanischen Ausgabe auf.

Hygienepapiere

Toilettenpapier, Tempotaschentücher, Küchentücher … Hygienepapiere können aus kurzen, für andere Papiersorten nicht mehr verwendbaren Altpapierfasern hergestellt werden. Deshalb ist es hier besonders wichtig, Recyclingprodukte zu kaufen. Verwende, wenn möglich, Alternativen, wie Putzlappen oder Stofftaschentücher. Toilettenpapier sollte übrigens nicht bedruckt sein, da die Farbe die Gewässer verunreinigt. Alle anderen Hygienepapiere musst du im Hausmüll entsorgen. Sie gehören weder in die Altpapiersammlung noch in die Toilette.

Verpackung

Beim Einkaufen solltest du darauf achten, dass ein Produkt nicht unnötig verpackt ist. Nutzlose Umverpackungen, wie z. B. die Schachtel um eine Zahnpastatube, darfst du im Laden zurücklassen. So kannst du die Händler dazu erziehen, in Zukunft darauf zu verzichten.

ℹ

Die Klopapierrolle hatte es schwer, sich in Amerika durchzusetzen. Man betrachtete sie als überflüssig, da man lieber kostenlose Kataloge benutzte.

---

1. *Nehmt jeder alle Hefte und Blöcke heraus, die sich in euren Schultaschen befinden. Rechnet aus, wie viel Prozent der Hefte in eurer Klasse aus Recyclingpapier sind und den Blauen Engel tragen. Wie viel Prozent sind aus grauem Umweltschutzpapier?*

2. *Eine Aachener Stiftung hat eine Studie zu einer wiederaufladbaren Zeitung durchgeführt, eine Kunststofffolie, die kabellos mit dem Internet verbunden ist und sich jeden Morgen neu beschreiben lässt. Schreibe einen Zeitungsartikel aus dem Jahr 2020, bei dem die Einführung einer solchen Folie an einer Schule beschrieben wird.*

3. *Beobachte ein paar Tage lang deinen Papierverbrauch. Notiere, um welche Art von Papier es sich handelt, wie viel du davon verbrauchst und wie du es entsorgst bzw. weiterverwendest. Beziehe auch den Verpackungsmüll mit ein und versuche, herauszufinden, ob es sich um Recyclingpapier handelt.*

4. *Schreibe eine Geschichte über zwei Parallelklassen, die jeweils ein Grillfest organisieren und durchführen. Die eine Klasse geht dabei verschwenderisch mit Papier um, die andere nutzt alle Möglichkeiten, Papier und Ressourcen zu sparen.*

Pappkartons werden meist aus 100 % Altpapier hergestellt.

LEITUNGSWASSER

In vielen Gebieten der Erde ist Wasser knapp. Die Hälfte aller Krankenhausbetten in Schwellen- und Entwicklungsländern ist belegt, weil den Menschen kein sauberes Trinkwasser zur Verfügung steht.
In Deutschland gibt es ausreichend davon. Es wird zu zwei Dritteln aus Grundwasser und ansonsten aus Oberflächen- und Quellwasser gewonnen. Die Trinkwasseraufbereitung und die Klärung der Abwässer sind jedoch aufwändige Verfahren, die Energie verbrauchen und die Umwelt belasten. Deshalb sollte sparsam mit Wasser umgegangen werden.

Wasserverbrauch im Haushalt % (2014)	
Toilettenspülung	27
Baden, Duschen, Körperpflege	36
Wäsche waschen	12
Geschirr spülen	6
Putzen, Auto, Blumen	6
Trinken und Kochen	4
Sonstiges	9

Informationen nach: www.bdew.de/internet.nsf/id/3852C5217E9FD4E1C125786C004274E7/$file/Trinkwasserverwendung%20im%20HH%202014-Anteile.pdf

LEITUNGSWASSER

Ein Liter Leitungswasser kostet 0,2 Cent, ein Liter Mineralwasser etwa 50 Cent. Wem stilles Leitungswasser nicht schmeckt, der kann sich einen Wassersprudler kaufen und mit Kohlendioxid Sprudelwasser herstellen. Durch Bleirohre in älteren Häusern kann es allerdings mitunter zu Belastungen des Leitungswassers kommen. Wenn hier lange kein Wasser entnommen wurde, sollte man das Wasser, bevor man es trinkt, eine Weile laufen lassen.

Ein Versuch

Material:
- für jeden ein Glas oder einen Becher
- 3 große, gleich aussehende Flaschen (oder Kannen)
- 2 verschiedene Sorten stilles Mineralwasser
- Leitungswasser

Durchführung:
Einer von euch ist der Versuchsleiter. Er füllt in eine der drei gleich aussehenden Flaschen Leitungswasser, in die anderen jeweils ein Mineralwasser. Der Versuchsleiter muss sich merken, welches Wasser in welcher Flasche ist. Nun kommt jeder von euch mit seinem Glas zum Versuchsleiter, probiert nacheinander alle drei Sorten Wasser und gibt einen Tipp ab, welches davon das Leitungswasser ist. Der Versuchsleiter führt eine Strichliste, auf welche Flasche getippt wird. Schmeckt ihr einen Unterschied?

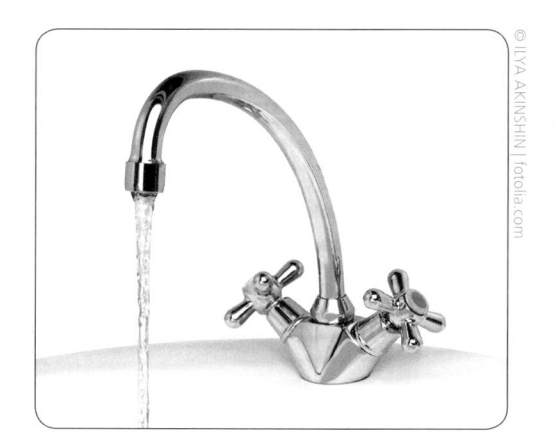

Die Qualität von Trinkwasser ist in Deutschland sehr hoch.

1. Wie viele haben auf das richtige Wasser getippt? Lässt das Ergebnis darauf schließen, dass das Zufall war, oder ist es tatsächlich möglich, das Leitungswasser am Geschmack zu erkennen?

2. Schaue dir den Wasserverbrauch im Haushalt an. Überlege, wo nicht unbedingt die hohe Qualität von Trinkwasser nötig ist und wie man den Wasserbedarf auch anders decken könnte.

3. Warum ist es für Umwelt und möglicherweise auch Gesundheit gut, wenn man viel Leitungswasser trinkt?

TRINKWASSER SPAREN

Marie liegt liebend gerne in der Badewanne. Bisher hat sie jeden Tag gebadet, was jedes Mal 140 Liter Wasser verbrauchte. Jetzt badet sie nur noch einmal pro Woche und duscht an den anderen Tagen 3 Minuten. Pro Minute laufen etwa 20 Liter Wasser durch eine Dusche.

Einsparung pro Tag: .... Liter

Robin geht durchschnittlich 5-mal am Tag aufs Klo und braucht für jede Spülung 9 Liter Wasser. Mit der Wasser sparenden Toilettenspülung, die sein Vater eingebaut hat, kann er nur so viel Wasser nehmen, wie er braucht. Bei drei von fünf Toilettengängen sind das nur 3 Liter, bei zweien 6 Liter.

Einsparung pro Tag: .... Liter

Tims Familie hat sich eine Spülmaschine angeschafft. Sie läuft alle zwei Tage und verbraucht 12 Liter Wasser. Um die gleiche Menge Geschirr mit der Hand zu spülen, haben sie früher 2,5-mal so viel Wasser benötigt.

Einsparung pro Tag: .... Liter

Moritz hat es geschafft, den tropfenden Wasserhahn im Keller zu reparieren. Er hat gehört, dass das jährlich 1 600 Liter Wasser spart.

Einsparung pro Tag: .... Liter

Wassereinsparungen im Vergleich zum täglichen Wasserverbrauch eines Durchschnittsdeutschen

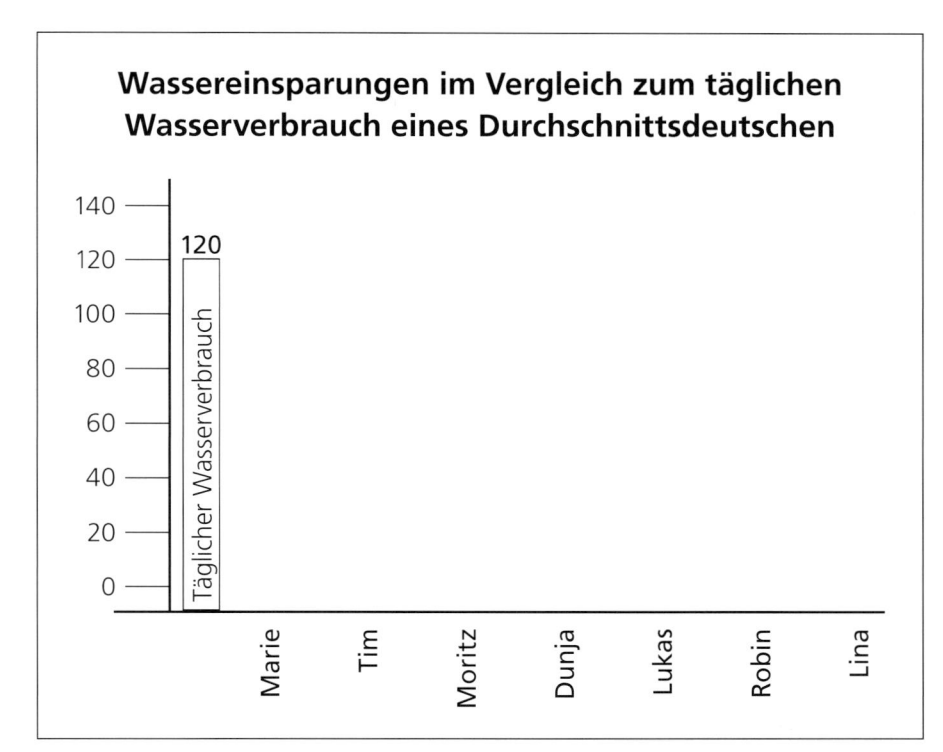

(Säulendiagramm: Täglicher Wasserverbrauch 120 Liter; Säulen für Marie, Tim, Moritz, Dunja, Lukas, Robin, Lina)

Jeder Deutsche verbraucht am Tag im Durchschnitt 120 Liter Wasser.

Lukas putzt sich 3-mal am Tag gewissenhaft die Zähne. Zwar stellt er das Wasser zwischendurch ab, spült sich jedoch anschließend unter fließendem Wasser den Mund aus. Das kostet jedes Mal 2 Liter Wasser. Neuerdings benutzt er einen Zahnputzbecher, in den 0,3 Liter Wasser hineinpassen.

Einsparung pro Tag: .... Liter

Dunjas Zimmer ist ein Dschungel. 2-mal die Woche wird die grüne Pracht gegossen. Dazu benötigt sie jedes Mal 15 Liter Wasser. Kürzlich hat sie draußen eine Regentonne aufgestellt und nimmt nun dieses Wasser für ihre Pflanzen.

Einsparung pro Tag: .... Liter

Lina duscht täglich und brauchte bislang jeden Morgen eine halbe Minute, bis sie mit den beiden Drehgriffen die Temperatur eingestellt hatte. Mit dem neuen Einhandmischer hat die Dusche von Anfang an die richtige Temperatur. Pro Minute laufen 20 Liter Wasser durch die Dusche.

Einsparung pro Tag: .... Liter

1. Rechne aus, wie viel Liter jeden Tag bei jedem der Beispiele eingespart werden können, und zeichne für jeden eine Säule in die Grafik ein, die die Wasserersparnis verdeutlicht.

2. Bei welchen Trinkwassersparmaßnahmen wird zusätzlich auch noch Energie eingespart?

WÄSCHE WASCHEN

Umweltschonendes Waschen

- Beim Kauf der Waschmaschine auf die Energieeffizienzklasse achten. Am effizientesten sind die Geräte der Klasse A+++.
- Waschmaschine immer ganz füllen.
- Wäsche vorsortieren und Waschmittel auf die Erfordernisse abstimmen.
- Baukastensysteme oder Kompaktwaschpulver verwenden und auf Weichspüler verzichten.
- Waschmittel eher sparsam und entsprechend der Wasserhärte (kann beim Wasserwerk erfragt werden) dosieren.
- Möglichst mit niedriger Temperatur waschen, denn die meiste Energie wird für die Erhitzung des Wassers benötigt. Keime werden bei 60 °C abgetötet. Meist reichen jedoch 30 °C aus.
- Wäsche möglichst aufhängen und an der Luft trocknen lassen.
- Wäsche mit möglichst hoher Drehzahl schleudern, bevor sie in den Trockner kommt. Wäsche, die nicht in den Trockner muss, aussortieren.
- Wäsche, die gebügelt werden soll, im Trockner nur bügeltrocken trocknen.
- Möglichst wenige Kleidungsstücke bügeln.

Energieverbrauch und Kosten rund um das Waschen			
Energiekosten	0,28 € pro kWh		
Kosten für Wasser und Abwasser	3,50 € pro m³		
Wasserverbrauch	12 l pro Waschgang		
Energieverbrauch Trockner	3,5 kWh pro Ladung		
Energieverbrauch Bügeln	1 kWh pro Stunde		
Waschtemperatur	**30°C**	**60°C**	**90°C**
Energieverbrauch pro Maschine	0,4 kWh	1,1 kWh	1,8 kWh

Waschmittel in Baukastensystemen machen es möglich, die unterschiedlichen Inhaltsstoffe von Waschmitteln exakt so zu dosieren, wie es für die entsprechende Art der Wäsche, Waschtemperatur und Wasserhärte erforderlich ist. Das spart Chemikalien und schont die Umwelt. Je ergiebiger und kompakter ein Waschmittel ist, desto weniger Chemikalien geraten in die Umwelt. **Vollwaschmittel** enthalten Bleichmittel und sind nur für stark verschmutzte und überwiegend weiße Wäsche geeignet. Sie werden bei über 40 °C aktiviert und wirken dann zusätzlich desinfizierend. **Buntwaschmittel** schonen Wäsche und Umwelt. **Flüssige Waschmittel** enthalten besonders viele Tenside (waschaktive Substanzen) und belasten daher die Umwelt stärker als Waschpulver. **Weichspüler** enthält biologisch schwer abbaubare (kationische) Tenside.

1. Rechne genau aus, was jede Familie pro Woche an Strom und Wasser verbraucht und wie viel sie das kostet. Wo liegen die Stärken und Schwächen im Waschverhalten der Familien?

Familie Müller wäscht 8-mal pro Woche jeweils ein Drittel mit 90, 60 und 30 °C und benutzt ein Baukastensystem und Weichspüler. Sie macht wöchentlich drei Trocknerladungen voll und bügelt drei Stunden.

Familie Meier wäscht 6-mal pro Woche, davon jeweils die Hälfte bei 30 und 60 °C. Sie benutzt zur Hälfte Voll- und zur Hälfte Buntwaschmittel und Weichspüler, hat keinen Trockner und bügelt eine Stunde pro Woche.

Familie Schulze wäscht 4-mal pro Woche, alles bei 30 °C. Sie benutzt Kompakt-Buntwaschmittel und keinen Weichspüler. Sie trocknen alles im Trockner (vier Ladungen) und bügelt nicht.

2. Überlege, wie in deiner Familie gewaschen wird, oder frage die dafür zuständige Person. Wo könnte man etwas verbessern?

RICHTIG PUTZEN 1/2

Es gibt keine Putzmittel, die nicht die Umwelt belasten. Deshalb sollte man stets so wenig wie möglich davon verwenden. Die Dosieranleitung auf den Mitteln ist oft zu hoch, weil sie sich auf hartes Wasser bezieht. In Gegenden mit geringer Wasserhärte kann die Dosis reduziert werden. Zwar werden die meisten Abwässer geklärt, es ist jedoch unmöglich, alle schädlichen Stoffe restlos aus dem Abwasser zu entfernen.

i

Nanotechnologie verspricht „kein Putzen mehr" durch Versiegelung der Oberflächen. Die Technik ist noch sehr neu und es gibt Befürchtungen, dass Risiken für die Gesundheit bestehen, die noch nicht hinreichend abgeschätzt werden können. Denkbar ist, dass die kleinen Teilchen die Schleimhäute passieren und sich in der Lunge ablagern.

1. Schaue dir die Hygienetipps auf den Webseiten von herkömmlichen Reinigungsmittelherstellern an. Womit rechtfertigt der Hersteller die Nutzung von Produkten, auf die man (nach Empfehlungen von Umweltbehörden und -verbänden) besser verzichten sollte?
2. Warum ist es besser, auf altbewährte Reinigungsmittel anstatt ständig auf neu erfundene Spezialreiniger zurückzugreifen?

Tenside und Phosphate

Tenside, die waschaktiven Substanzen, wie z. B. Seifen, setzen die **Oberflächenspannung des Wassers** herab, damit der Schmutz hinweggeschwemmt werden kann. Auf der anderen Seite schädigen sie die Kiemen von Wassertieren, machen deren Haut durchlässiger für Schadstoffe und zerstören die für Insekten so wichtige Wasserhaut. Sie sollten daher biologisch schnell abbaubar sein und gar nicht erst dorthin gelangen, wo sie Schaden anrichten können. **Phosphate** werden als **Wasserenthärter** eingesetzt. Durch sie werden Gewässer gedüngt und es kommt zu übermäßigem Algenwachstum, Sauerstoffmangel und Fischsterben. Durch die verbesserte Abwasserklärung und die Verminderung von Phosphat in Reinigungsmitteln konnte die Phosphatbelastung stark reduziert werden. Abgesehen von Spülmaschinenmitteln, sind die meisten Reinigungsmittel heute phosphatfrei.

Besser als Chemie: mechanische Putzmittel

i

Neue Chemikalien in Putzmitteln werden durch Tierversuche auf ihre gesundheitliche Unbedenklichkeit hin getestet.

Darauf sollte man verzichten:
- **Antibakterielle und desinfizierende Putzmittel** vernichten nicht nur die schlechten, sondern auch die guten Bakterien. Ihre Verwendung fördert darüber hinaus Resistenzen, sodass eine Anwendung im medizinischen Bereich nicht mehr möglich ist.
- **WC-Steine:** Durch sie geraten gefährliche, Krebs auslösende chlorierte Kohlenwasserstoffe in die Umwelt und reichern sich dort an.
- **Aggressive Mittel**, wie Abflussreiniger, Backofensprays, Chlorreiniger und viele Toilettenreiniger. Abgesehen von den Umweltgefahren, besteht die Gefahr von Verätzungen und es können sich giftige Gase bilden. Besser: Einweichen lassen und scheuern. Abflüsse sollte man durch Aufschrauben oder mit einer Saugglocke reinigen.
- **Raumdüfte:** Düfte enthalten oft synthetische Moschusverbindungen, die gesundheitlich bedenklich sind, und lösen Allergien aus.

RICHTIG PUTZEN 2/2

Nicht nur sauber, sondern rein?

Perfekte Sauberkeit im Haushalt wird oft überschätzt. Hände waschen und der sorgsame Umgang mit Lebensmitteln schützt erheblich besser vor Infektionskrankheiten als eine keimfreie Toilettenschüssel. Mit den üblichen **Haushaltskeimen** kommt das menschliche Immunsystem ganz gut klar, mit den schädlichen **Substanzen** in vielen Reinigungsmitteln hingegen weniger. Sie belasten (nicht nur) über das Abwasser die Umwelt. Auch schon bei der Anwendung können **Allergien und Atemwegsprobleme** ausgelöst werden. Beeindruckend ist es, wenn in der Werbung dicke Schmutzschichten wie durch Zauberhand mit einem einzigen Wisch verschwinden. Mal ganz abgesehen davon, dass das in der Praxis meist nicht ganz so gut funktioniert, handelt es sich bei diesen Mitteln häufig um besonders aggressive Substanzen, die man meiden sollte.

Das gehört in den Putzschrank:
- Allzweckreiniger
- Scheuermittel aus Quarz, Marmormehl oder Kreide
- Essig- oder Zitronenreiniger gegen Kalk
- Glasreiniger auf Spiritus- oder Alkoholbasis
- Geschirrspülmittel/Maschinenspülmittel

Darüber hinaus sind Mikrofasertücher zu empfehlen, weil man damit glatte Oberflächen, wie Fenster, ohne Reinigungsmittel putzen kann.

Putzrezepte

Allzweckreiniger: 800 ml Wasser aufkochen, einen Esslöffel Soda darin auflösen, 5 Minuten warten, einen Teelöffel Zitronen- oder Essigsäure dazugeben, und dann zwei Esslöffel feste oder vier Esslöffel flüssige Schmierseife unterrühren und in eine Flasche abfüllen.

୫୦ ୠଃ

Glasreiniger: 200 ml Spiritus und 600 ml Wasser mischen und in eine Sprühflasche abfüllen.

୫୦ ୠଃ

Essigreiniger: 300 ml Tafelessig und 600 ml Leitungswasser in eine Flasche abfüllen.

୫୦ ୠଃ

Scheuerpulver: 150 g Schlämmkreide, 80 g Soda und 50 g Seifenflocken in einer Schüssel gut verrühren und in eine Dose abfüllen. (Für einen schönen Duft kann man beim Allzweckreiniger und beim Scheuerpulver jeweils ein paar Tropfen ätherisches Zitronenöl beimischen.)

---

3. Wo ist dir Sauberkeit wichtig, wo findest du es nicht so schlimm, wenn es mal etwas dreckiger ist? Würden für deine Sauberkeitsansprüche die oben aufgelisteten Mittel reichen?

4. Stellt die bei den Putzrezepten beschriebenen Reinigungsmittel selbst her, probiert sie an einer passenden Stelle aus und vergleicht sie jeweils mit einem entsprechenden Reinigungsmittel aus dem Laden. Lassen sich Unterschiede in der Wirkung feststellen?

5. Was hat es für Vorteile, seine Reinigungsmittel selbst herzustellen?

Sicher putzen mit den richtigen Mitteln

4 ▷▷ KÖRPERPFLEGE, GESUNDHEIT, KLEIDUNG UND HAUSHALT

ENERGIESPAR-QUIZ 1/2

Tut euch zu zweit zusammen. Löst jeder für sich das Quiz. Versucht, wenn ihr sie nicht wisst, die richtigen Antworten zu raten. Tut euch dann zu zweit zusammen und vergleicht eure Antworten. Entscheidet euch gemeinsam für jeweils eine Lösung und schaut anschließend, welche Antworten richtig gewesen sind.

1. **Welche dieser Lichtquellen verbraucht bei gleicher Helligkeit am meisten Energie?**
   a) LED-Leuchten
   b) Halogenleuchten
   c) Kompaktleuchten (Energiesparlampen)

2. **Was ist *kein* Grund, warum man mit einer Mehrfach-Steckdosenleiste mit Schalter Energie sparen kann?**
   a) Der Strom verteilt sich auf mehrere Geräte und deshalb braucht jedes einzelne Gerät weniger Strom.
   b) So können auch Geräte abgeschaltet werden, die stets auf Stand-by stehen und sich gar nicht ganz abschalten lassen.
   c) So können mehrere Geräte auf einmal schnell abgeschaltet werden und keines wird vergessen.

3. **Was darf in Deutschland seit 2009 nicht mehr hergestellt und verkauft werden?**
   a) Glühbirnen
   b) Wäschetrockner
   c) Geräte, die sich nicht abschalten lassen

4. **Welches ist die beste Energie-Effizienzklasse für Elektrogeräte?**
   a) A
   b) G
   c) A+++
   d) G+++
   e) A***
   f) G***

5. **Wie sollte man am besten lüften?**
   a) Möglichst oft das Fenster einen kleinen Spalt weit öffnen
   b) 4-mal am Tag für 20 Minuten das Fenster weit öffnen
   c) 2-mal am Tag für 10 Minuten das Fenster weit öffnen

6. **Welches Elektrogerät kann man nicht mit Solarantrieb kaufen?**
   a) Wecker
   b) Lampe
   c) Waschmaschine
   d) Radio
   e) Taschenrechner

7. **Wo spart man mit Durchflussbegrenzern, die für geringere Durchflussmengen an Wasserhähnen sorgen, Wasser und Energie?**
   a) beim Spülen
   b) beim Duschen
   c) beim Baden

8. **Wie kann man in der Küche keine Energie einsparen?**
   a) beim Kochen Deckel auf Töpfe legen
   b) den Kühlschrank häufig abtauen
   c) mit der Hand anstatt mit der Spülmaschine spülen
   d) auf das Vorheizen des Backofens verzichten

9. **Wofür wird im Haushalt am meisten Strom verbraucht?**
   a) Warmwasser zum Duschen, Waschen und Baden
   b) Kühlschrank
   c) Kochen

ENERGIESPAR-QUIZ 2/2

10. **Wie kocht man 1 Liter Wasser mit dem geringsten Energieaufwand?**
    a) in einem Kochtopf
    b) in einem Wasserkocher
    c) in der Mikrowelle

11. **Wo lässt sich durch Herunterregeln der Temperatur die größte Energieersparnis erreichen?**
    a) beim Warmwasserspeicher
    b) beim Kühlschrank
    c) beim Durchlauferhitzer

12. **Was trifft auf Geräte im Stand-by-Modus zu?**
    a) Sie gehen kaputt, wenn man sie ganz ausschaltet.
    b) Sie verbrauchen mehr Strom, als wenn man sie ganz ausschaltet.
    c) Sie verbrauchen so insgesamt weniger Strom, als wenn man sie jedes Mal ganz neu hochfahren muss.

13. **Welche Geräte verbrauchen im Allgemeinen weniger Strom?**
    a) ältere Geräte
    b) kleinere Geräte
    c) teurere Geräte

14. **Mit welcher Einheit wird der Stromverbrauch gemessen?**
    a) Kilovolt
    b) Kilovoltstunde
    c) Kilowatt
    d) Kilowattstunde

15. **Wie viel Geld kann man durch den Kauf eines neuen, energieeffizienteren Kühlschranks im Jahr sparen?**
    a) 5–10 Euro
    b) 20–40 Euro
    c) 50–250 Euro

DEN RICHTIGEN STROM EINKAUFEN

Jonas' Mutter lässt keine Party aus: Tupperparty, Dessousparty, Schmuckparty, Kerzenparty … *„Ich brauche eigentlich gar nichts"*, stellt sie vorher jedes Mal fest. Später werden dann all die Dinge, angeliefert, die sie eigentlich gar nicht braucht, und eine saftige Rechnung flattert ins Haus. Kein Wunder, dass Jonas die Augen verdreht, als sie ankündigt, zu einer Ökostromparty gehen zu wollen. *„Ich werde den Stromanbieter wechseln"*, verkündet sie, als sie nach Hause kommt. *„Wozu, was ist verkehrt an unserem Strom?"*, fragt Jonas. *„Er ist umweltschädlich und gefährlich"*, erklärt seine Mutter. *„Das heißt also, ich kann in Zukunft getrost meine Finger in die Steckdosen stecken?"*, fragt Jonas. *„Um Himmels willen, lass das bloß sein"*, erschrickt sie. *„Ich meine doch nur, dass der neue Strom klimafreundlich und kein Atomstrom ist."* *„Na prima"*, sagt Jonas, *„dann brauchst du ja nicht mehr zu meckern, wenn ich mal das Licht brennen lasse."* Aber davon will seine Mutter nichts wissen. Schließlich ist auch der neue Strom nicht gerade billig.

Wie wird unser Strom produziert?

Ein großer Anteil des Stroms in Deutschland wird in **fossilen Kraftwerken** erzeugt. Dort werden Kohle und Erdgas verbrannt und große Mengen an **klimaschädlichen Treibhausgasen** geraten in die Atmosphäre. Strom aus **erneuerbaren Energien**, wie Wind-, Sonnen- und Wasserkraft sowie Erdwärme und Biomasse, setzt hingegen keine zusätzlichen Treibhausgase frei. Kernkraftwerke sind zwar klimafreundlich, sind jedoch wegen den mit ihnen verbundenen Gefahren und den radioaktiven Abfällen ebenfalls abzulehnen. Herkömmliche Stromanbieter bieten eine Strommischung aus verschiedenen Energieträgern mit einem hohen Anteil von Kohlekraft oder Kernkraft an. **Ökostromanbieter** verkaufen hingegen Strom aus erneuerbaren Energien. Er ist meist teurer als normaler Strom, hat es in einigen Gegenden allerdings auch schon geschafft, lokale Stromanbieter im Preis zu unterbieten. Auch herkömmliche Stromanbieter verkaufen ihre geringen Anteile regenerativer Energie zu einem erhöhten Preis als Ökostrom.

Anteil an der Stromerzeugung in Deutschland	
Braunkohle	25,5
Steinkohle	17,8
Kernenergie	15,8
Erdgas	9,5
Sonne	5,7
Wasserkraft	3,3
Windkraft	9,1
Biomasse	7,0
Sonstige	6,3

Informationen nach: www.bdew.de/internet.nsf/id/2F3534CF6E1386E6C1257A41004112D3 (abgerufen am 14.09.2016) (Daten aus dem Jahr 2014 [Anm. d. Red.])

Unabhängige Anbieter, die nur Ökostrom vertreiben:
- LichtBlick
- Greenpeace Energy
- Elektrizitätswerke Schönau
- Naturstrom AG

---

1. Überlege, was passiert, wenn mehr Leute Ökostrom beziehen möchten, als Strom aus regenerativen Energien produziert wird.

2. Warum ist es wichtig, darauf zu achten, dass Ökostromanbieter unabhängig von herkömmlichen Stromanbietern sind, die auch mit umweltfeindlichen Technologien Strom produzieren?

3. Gehe im Internet in ein Vergleichsportal. Suche für deine Postleitzahl und einen Stromverbrauch von 4 000 kWh/Jahr den billigsten Tarif und den billigsten Ökostromtarif eines der oben genannten unabhängigen Anbieter heraus.

ÖKOLOGISCH WOHNEN

Ökosiedlung Köln-Blumenberg

Max wohnt unter einem Grasdach. Das Haus seiner Familie steht in der Ökosiedlung Köln-Blumenberg. In der Siedlung werden die Autos am Rande der Siedlung geparkt, sodass Lärm und Abgase vermieden werden und die Kinder sicherer spielen können Das Haus hat großzügig verglaste Fassaden nach Süden, sie fangen im Winter die einfallenden Sonnenstrahlen ein und wärmen das Haus.

Lara wohnt unter einem Solardach. Es ist nach Süden ausgerichtet und vollständig mit Fotovoltaikmodulen belegt, die mithilfe der Sonne mehr Strom erzeugen, als die Bewohner verbrauchen.
Der überschüssige Strom wird ins städtische Stromversorgungsnetz eingespeist. Die Plusenergiehäuser der Solarsiedlung „Am Schlierberg" in Freiburg sind darüber hinaus extrem gut gedämmt.

Am Schlierberg in Freiburg

Ökologisch bauen

- Umweltfreundliche Baumaterialien (Lehm, Ziegel, Holz, Naturstein)
- Gute Wärmedämmung des Hauses (Materialien aus nachwachsenden Rohstoffen, wie Hanf oder Schafwolle)
- Passive Nutzung der Sonnenenergie durch sinnvolle Grundriss und Fassadengestaltung
- Aktive Nutzung der Sonnenenergie durch Solaranlagen
- Nutzung des Tageslichtes durch Dachfenster und Lichtleitsysteme
- Heizen mit regenerativer Energie (Erdwärme, Solaranlage), nachwachsenden Rohstoffen (Holzpelletheizungen) oder hohen Wirkungsgraden (Blockheizkraftwerke)
- Kontrollierte Lüftung mit Wärmerückgewinnung
- Nutzung von „grauem Wasser" aus Dusche, Badewanne und Waschmaschine zur Toilettenspülung
- Auffangen und Nutzung des Regenwassers zum Waschen und Pflanzenbewässern
- Bau einer Pflanzenkläranlage

ÖKOLOGISCHE INNENRÄUME

Farben, Lacke, Dichtstoffe, Kleber und Fußbodenbeläge belasten die Raumluft und können krank machen. Beim Renovieren ist es wichtig, darauf zu achten, emissionsarme Materialien mit dem „Blauen Engel" zu verwenden. Tapeten sollten aus Recyclingpapier, Fußböden aus nachwachsenden Rohstoffen, wie Holz, Kork oder Linoleum, sein.

1. Beschreibe dein Traumhaus. Welche ökologischen Baumaßnahmen würdest du gerne dabei verwirklichen, welche sind dir nicht so wichtig und welche passen nicht in dein Traumhaus?

2. Unter www.oekosiedlungen.de findest du die Beschreibungen von allen deutschen Ökosiedlungen. Würdest du gerne in einer solchen Siedlung leben oder lieber dein eigenes individuelles Ökohaus bauen?

ÖKOLOGISCHE GARTENTIPPS

Ein ungepflegter Garten ist aus ökologischer Sicht zwar eher zu vertreten als ein kurz geschorenes Rasenstück, auf dem jedem Unkraut mit Chemikalien zu Leibe gerückt wird, ein echter Naturgarten sieht jedoch anders aus und bedarf auch Aufmerksamkeit und Pflege. Er enthält z. B. eine artenreiche Bepflanzung mit heimischen Wildpflanzen, bietet Nisthilfen und Rückzugsmöglichkeiten für Tiere und nutzt Regenwasser und Kompost. Hier findest du ein paar Tipps, wie du deinen eigenen Garten natürlicher gestalten kannst.

Totholzhaufen: Lege morsche Baumstämme oder große Baumstümpfe auf den Boden. Fülle Laub oder Sägespäne in die Lücken und schichte Äste und Zweige darüber. Ein solcher Haufen bietet Nist- und Rückzugsmöglichkeiten für Insekten, Spinnen, Vögel, Frösche, Kröten und andere Kleintiere.

Steinhaufen: Lege Steine unterschiedlicher Größe so zusammen, dass unterschiedlich große Hohlräume für kleine Tiere und Insekten entstehen. Die gleiche Funktion erfüllen Natursteinmauern ohne Mörtel.

Nisthilfen: Tiefe Löcher von 3–6 Millimetern sind hervorragende Nistplätze für Wildbienen und andere Insekten. Du kannst sie in Ton drücken, in Holzklötze bohren oder Strohhalme und Stücke von Bambusstäben zu Bündeln zusammen binden.

Regentonne: Stelle eine offene Tonne unter einem Abfluss der Dachrinne auf und nutze das Regenwasser zur Gartenbewässerung.

Kompost: Lege einen Komposthaufen an. Dort kannst du Bioabfälle entsorgen. Es dauert etwa vier Jahre, bis der Kompost zersetzt ist, und der Haufen muss jedes Jahr umgesetzt werden. Wer wenig Platz hat, kann einen Wurmkomposter aufstellen. Das ist ein Behälter, der mit Regenwürmern beimpft wird. Aus ihm kann unten ständig Kompost entnommen werden, während oben aufgefüllt wird.

Nährstoffarme Böden: Auf trockenen und nährstoffarmen Böden wachsen artenreichere, ökologisch wertvollere Pflanzengesellschaften als auf gut gedüngten Böden. Daher solltest du an einigen Stellen Sand oder Kies in den Boden einarbeiten.

Wasserflächen: Es muss nicht gleich ein ganzer Teich sein. Auch eine Wanne mit ein paar Wasserpflanzen wird von Insekten gerne angenommen. Auf Goldfische sollte man besser verzichten. Frösche sind willkommene Gäste.

Wildwuchs: Überlasse ein Stück Garten sich selbst und beobachte, welche Pflanzen sich von allein einfinden und wie sich die Pflanzendecke im Laufe der Zeit verändert.

Insektenhotel

1. *Zeichne den Grundriss deines Traumgartens und beziehe darin einige der ökologischen Gartentipps mit ein.*

2. *Die meisten Gartentipps zielen darauf ab, seinen Garten mit möglichst vielen Insekten, Würmern und Kleintieren zu teilen. Warum ist das erstrebenswert?*

3. *Warum sind Laubbläser, Gartenzäune und Umgraben in einem ökologischen Garten nicht gerne gesehen?*

WELCHER MÜLL KOMMT WOHIN? 1/2

Pfandsysteme: Auf viele Getränkeverpackungen wird ein **Pfand** berechnet. Man bekommt es bei Abgabe der leeren Verpackung im Laden erstattet. **Mehrwegflaschen** werden gereinigt und neu befüllt. Je nach Art werden zwischen 8 und 15 Cent pro Stück berechnet. Sie werden meist überall dort zurückgenommen, wo sie in gleicher Form angeboten werden. **Flaschen und Dosen mit Einwegpfand** werden recycelt. Sie dürfen überall dort zurückgegeben werden, wo Verpackungen gleichen Materials angeboten werden. Das Einwegpfand beträgt stets 25 Cent. Ausgenommen von der Pfandregelung sind: Säfte, Wein, Spirituosen, Milch, Getränkekartons, Schlauchbeutel und Folien-Standbodenbeutel.

Logo Einwegpfand

Altglas: Glas wird, **getrennt nach den Farben** Grün, Braun und durchsichtig, in **Altglascontainern** gesammelt. Anders gefärbtes Glas kann man in den Container für Grünglas geben. Verschlüsse und Deckel sollten vorher entfernt werden, können aber auch im Nachhinein aussortiert werden. Nicht in den Altglascontainer gehören Keramik, Ton, Spiegel, Glühbirnen, Leuchtstoffröhren, Fensterglas und feuerfestes Glas. Glas wird aus Quarzsand und anderen Gesteinen hergestellt, die bei ca. 1 700 °C eingeschmolzen werden. Der Schmelzpunkt von Altglas liegt erheblich tiefer. Allein deshalb lohnt es sich, Glas zu recyceln.

Altpapier: Altpapier wird in **Containern oder blauen Tonnen** gesammelt. Es kann bis zu 5-mal wiederverwendet werden, wobei sich die Zellstofffasern verkürzen und die Qualität des Papiers abnimmt. In der letzten Runde wird es dann z. B. zu Toilettenpapier verarbeitet. Nicht ins Altpapier gehören verschmutztes Papier, Hygienepapiere, wie Tempotaschentücher und Küchentücher, geknülltes Papier, beschichtetes Papier, wie Fotos oder Getränkekartons, Transparent- und Backpapier. Papierrecycling lohnt sich aus wirtschaftlichen und aus ökologischen Gesichtspunkten, weil Energie, Wasser und Holz eingespart werden.

Batterien und Akkus: Für die Rückgabe von gebrauchten Batterien und Akkus stehen **bei den Händlern spezielle Behälter** bereit. Sie dürfen nicht im Hausmüll entsorgt werden, weil sie wertvolle Rohstoffe und teilweise die Schadstoffe Kadmium (Cd), Blei (Pb) oder Quecksilber (Hg) enthalten. Letztere sind mit einer durchgestrichenen Mülltonne gekennzeichnet.

Elektroschrott: Elektroartikel müssen an den **Recycling-Sammelstellen der Gemeinde** abgegeben werden. Dazu gehören große und kleine Haushaltsgeräte, von der Waschmaschine bis zum Rasierer, alles rund um Computer, Telefon und Fernsehgerät sowie Energiesparlampen und Neonröhren. Diese Geräte enthalten sowohl wertvolle recycelbare als auch schädliche Substanzen.

Sondermüll: Farben, Lacke und Lösungsmittel, aber auch Klebstoff- und Nagellackreste enthalten giftige Chemikalien, die in einer Sondermüllverbrennung bei sehr hohen Temperaturen verbrannt werden müssen. In einigen Regionen können sie bei **Schadstoffmobilen** abgegeben werden, die an bestimmten Tagen verschiedene Haltepunkte anfahren. Andernfalls müssen sie zu den **Sammelstellen der Gemeinden** gebracht werden.

Bio-Müll: Bio-Müll ist pflanzlicher und tierischer Abfall aus Haushalt und Garten. Er wird in einigen Gegenden in **grünen oder braunen Bio-Tonnen gesammelt**. Die Küchenabfälle können in alte Zeitungen oder Küchenpapiere eingepackt werden. In einigen Gegenden sollen Fleisch, Fisch, Milchprodukte und gekochte Essensreste nicht in der Bio-Tonne entsorgt werden, weil dies Ungeziefer fördert. Bio-Müll landet in Kompostwerken, Bio-Gasanlagen und Müllverbrennungsanlagen. **Kompostierung** bedeutet die Zersetzung durch Kleinstlebewesen und

WELCHER MÜLL KOMMT WOHIN? 2/2

die Verwendung als Dünger. Wer einen Garten hat, sollte selbst kompostieren. Das spart die Energie, die für den Transport des Bio-Mülls und des Kompostes aufgewendet wird.

Gelber Sack und gelbe Tonne: Verpackungen aus Metall (z. B. Konservendosen und Alupapier), Kunststoff (z. B. Folien und Joghurtbecher) oder Verbundstoffe (z. B. Getränkekartons) gehören in **gelbe Tonnen** und **gelbe Säcke**. Sie müssen vorher nicht gespült werden. Das verbraucht nur unnötig Wasser und Energie. Weil Hausmüllsortieranlagen sehr gut funktionieren, die Menschen jedoch den Müll so schlecht sortieren, dass der Inhalt der gelben Tonnen von dem der grauen Hausmülltonnen oft kaum zu unterscheiden ist, fordern Experten, auf die gelben Tonnen zu verzichten und den gesamten Hausmüll sortieren zu lassen.

Restmülltonne: Alles, was keines der oben angeführten Kriterien erfüllt, darf in die meist **graue Restmülltonne** gegeben werden. Wer einmal mehr Restmüll hat, als in seine Tonne passt, kann einen Restmüllsack erwerben und ihn am Tag der Müllabfuhr neben die graue Tonne stellen.

Sperrmüll: Was zu groß für die Tonne ist, wird an **Sperrmüllterminen** abgeholt. Holz, Papier und Metallanteile des Sperrmülls werden recycelt. Der Rest kommt in die Müllverbrennungsanlage.

Sonstige Sammlungen: Leere Farbpatronen für Drucker, Korken, Aluminium: Immer wieder gibt es Aktionen, wo z. B. von Schulen, Kindergärten und Gemeinden recycelbares Material gesammelt wird. CDs, CD-ROMs und DVDs enthalten wertvolles Polykarbonat. Einige Kommunen und Händler haben deshalb auch hierfür Sammelstellen eingerichtet.

> Über Altkleidersammlungen erfährst du mehr auf den Seiten 61/62.

1. Entwickelt jeder ein Quiz mit acht Multiple-Choice-Fragen, welche Gegenstände man wie entsorgen sollte. Tauscht die Zettel untereinander aus und beantwortet die Quizfragen.

2. Was sind die beiden Gründe, warum man Abfälle getrennt entsorgen sollte?

3. Zeichne ein Plakat, welches anschaulich zeigt, welche Verpackungen wohin gehören.

Sperrmüll

PLASTIKMÜLL

Plastik in den Ozeanen

Plastikmüll im Ozean ist ein großes Umweltproblem. Pro Meter Küstenlinie landen in einem Jahr etwa 15 gefüllte Supermarkttüten mit Plastik im Meer. Der Müll wird entweder vom Land oder von Schiffen ins Meer oder in Flüsse entsorgt oder er gelangt über falsch angelegte Müllkippen bei Überschwemmungen oder Sturm versehentlich ins Wasser. Einen kleineren Anteil des Plastikmülls machen Fischernetze oder Schiffsladung aus. Etwa 80% des Plastikmülls im Meer gelangt von Land aus dorthin, 20% kommt direkt von Schiffen. Der Müll schwimmt dann an der Wasseroberfläche, weil er leichter ist als Wasser, und wird über Meeresströmungen weitertransportiert. In den großen Wirbeln, den kreisförmigen Meeresströmungen, sammelt sich der Müll. Der größte Plastikmüllteppich ist der „Great Pacific Garbage Patch" im Nordpazifik. Das Plastik hier ist bereits zu Plastikpulver und allerkleinsten Plastikteilchen (Mikroplastik) zerfallen, weshalb man den Teppich nicht sehen kann. Größere Plastikteile sind gefährlich, weil Tiere sich darin verfangen können. Wenn das Plastik mit Nahrung verwechselt wird, sammelt es sich in den Mägen von Meerestieren an und diese verhungern bei vollem Bauch. Auf Mikroplastik lagern sich zudem bevorzugt weitere Umweltgifte an, die über die Nahrungskette letztendlich auch wieder zum Menschen gelangen.

Was kann man tun?

In vielen Ländern könnte eine verbesserte Müllentsorgung bzw. Verbote, den Müll auf bestimmte Art und Weise zu entsorgen, das Problem entschärfen. Ist der Müll erst einmal im Meer gelandet, können Müllsammelaktionen an Stränden oder Anreize für Fischer, Plastikmüll aus dem Meer zu holen, einen Teil des Mülls wieder zurückholen. Hierzulande gilt:

- Plastik sollte überall dort, wo es nicht nötig ist, vermieden werden.
- Jede Plastiktüte oder Plastikverpackung sollte nicht nur einmal, sondern mehrfach genutzt werden. So kann man Plastikbehälter z. B. später noch zum Einfrieren von Lebensmitteln nutzen.
- Die Entsorgung von Plastikverpackungen sollte so geschehen, dass sie dem Recycling zugeführt werden (Rückgabe von Einweg-PET-Flaschen, Entsorgung in der gelben Tonne).
- Man sollte bevorzugt Plastiktüten mit dem Blauen Engel verwenden, weil diese zu mindestens 80% aus Recycling-Kunststoff bestehen.
- Wenn man unbedingt eine Tüte braucht, sollte es eine Papiertüte sein. Papier ist erheblich besser abbaubar als Plastik. Die Tüten sollten jedoch auch sparsam verwendet werden, denn bei der Herstellung werden ebenfalls Energie und Rohstoffe verbraucht.
- Zum Einkaufen sollten daher immer genügend Taschen oder Körbe mitgenommen werden, um die Einkäufe ohne zusätzliche Taschen nach Hause zu transportieren.

! Übrigens:

Biologisch abbaubare Plastiktüten würden zwar nicht so viel Schaden anrichten, wenn sie ins Meer gelängen, werden jedoch vom Umweltbundesamt nicht empfohlen, weil sie sowohl die Bioabfallbehandlung als auch das Recycling von Kunststoffen stören.

Das Plastiktütenverbot

Seit 2016 dürfen Händler Plastiktüten nicht mehr umsonst abgeben, sondern müssen eine Gebühr dafür verlangen. Ausgenommen sind sehr leichte, dünne Plastiktüten, die für die Verpackung frischer Lebensmittel genutzt werden. Auch Mehrwegtaschen dürfen weiterhin kostenlos abgegeben werden. Hintergrund der Verordnung ist, dass in der EU beschlossen wurde, den Plastiktütenverbrauch pro Einwohner bis zum Jahr 2025 auf 40 Stück pro Jahr zu begrenzen. Derzeit liegt er bei 198 Stück, wobei die Deutschen mit 70 Plastiktüten pro Jahr noch relativ gut dastehen.

1. Überlege, wo Plastik in deinem Leben unentbehrlich ist und wo du deinen Verbrauch an Plastik einschränken könntest.

2. Überlege, warum das Umweltamt kritisiert, dass Mehrwegtragetaschen von den Händlern weiterhin kostenlos abgegeben werden dürfen.

WEGWERFGESELLSCHAFT 1/2

In unserer Gesellschaft werden immer weniger Dinge gepflegt oder repariert und stattdessen durch neue Dinge ersetzt. Die **Wegwerfgesellschaft** ist ein Phänomen reicher Länder. In ärmeren Ländern werden aus der Not heraus viel mehr Dinge wiederverwendet. Die Produktion von neuen Dingen bedeutet jedoch **Rohstoffverbrauch, Energieverbrauch und Müll**. Das lohnt sich nicht mehr, bekommt man häufig zu hören, wenn man etwas reparieren lassen möchte. Manche Dinge werden so produziert, dass man sie gar nicht reparieren kann, weil z. B. anstatt von Schrauben Nieten verwendet wurden. Die Hersteller begründen das mit niedrigeren Produktionskosten. Es wird ihnen jedoch auch vorgeworfen, so zu handeln, damit die Kunden immer wieder gezwungen sind, neue Produkte zu kaufen.

Flohmarkt in Paris 1966

Reuse – Reduce – Recycle

Reuse – Reduce – Recycle ist ein englischsprachiger Slogan im Kampf gegen die Wegwerfgesellschaft.

1. Überlege, was mit „nachhaltigem Konsum" gemeint sein könnte.
2. Den Ratschlag, weniger zu konsumieren, hört man selten. Im Gegenteil, Geld soll ausgegeben und die Wirtschaft angekurbelt werden. Ist es möglich, die Wirtschaft anzukurbeln, ohne der Wegwerfgesellschaft Vorschub zu leisten?

Reuse (Verwende wieder): Verschenke Dinge, die du nicht mehr brauchst, an andere, gib sie an wohltätige Organisationen ab oder verkaufe sie auf Flohmärkten, in Secondhandläden oder über das Internet. Benutze Dinge, wenn möglich, mehrmals, bevor du sie wegwirfst (z. B. Plastiktüten als Müllbeutel und bedrucktes Papier als Schmierpapier). Finde neue Verwendungszwecke für Verpackungsmaterialien, die ansonsten weggeworfen werden. Kaufe selbst möglichst viele Sachen aus zweiter Hand.

Reduce (Reduziere): Überlege vor dem Kauf genau, ob du die Sachen wirklich benötigst. Löse dich von der Vorstellung, immer das Neuste haben zu müssen, wenn das Alte noch funktioniert. Leihe dir Dinge, anstatt sie neu zu kaufen. Achte beim Kauf von Dingen darauf, ob man sie reparieren kann. Lasse Dinge, wenn möglich, reparieren oder repariere sie selbst (Vorsicht, bei einigen Dingen kann das auch gefährlich sein!). Verschenke, wenn du nicht sicher bist, was jemand braucht, lieber einen Gutschein.

Recycle (Verwerte): Trenne deinen Müll sorgfältig und gib die alten Materialien dorthin, wo sie wiederverwertet werden können.

WEGWERFGESELLSCHAFT 2/2

Reparieren: An Leas Jacke ist der Reißverschluss kaputtgegangen. Lea hängt an dieser Jacke, obwohl sie nur 19,95 Euro gekostet hat. Deshalb lohnt es sich auch nicht, für 21 Euro einen neuen Reißverschluss hineinnähen zu lassen.

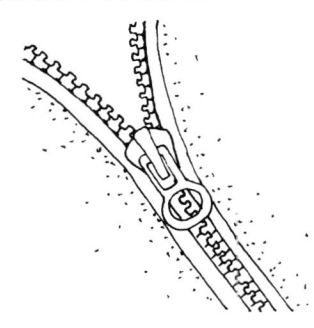

Aber die Schneiderin hat eine Idee. Sie schaut auf die Nummer des defekten Schiebers, sucht einen neuen Reißverschluss mit der gleichen Nummer und tauscht die Schieber aus. Jetzt muss Lea nur 6 Euro für den neuen Reißverschluss zahlen und kann die Jacke weiter tragen.

3. Hast du dich schon einmal darüber geärgert, wenn etwas nicht mehr zu reparieren war? Erstelle eine Liste der Reparaturen, die du selbst durchführen kannst.

Ausmisten: Ole ist der Aufforderung seiner Mutter gefolgt, endlich mal sein Zimmer aufzuräumen. Jetzt hat er wieder Platz und – Wiedersehen macht Freude – er hat seinen alten Taschenrechner, ein verschollenes Pyjamaoberteil, einen Osterhasen aus Schokolade und die Fotos von der letzten Klassenfahrt gefunden. Seine Mutter sortiert den Haufen ausgemisteter Sachen aus. Die zu klein gewordenen Pullis bekommen Oles jüngere Cousins, die Bücher gibt sie bei der Gemeindebücherei ab und ein paar leere Schuhkartons bekommt der Kindergarten zum Basteln. Seine alten Playmobilfiguren fotografiert Ole und lässt sie von seinem Vater im Internet versteigern.

4. Miste in Gedanken dein Zimmer aus und finde für die Dinge, die du nicht mehr brauchst, eine neue Verwendung.

Schenken: Mutter Sabine hat alles, was sie braucht. Weil niemand so recht wusste, was er ihr zum Geburtstag schenken sollte, bekam sie im letzten Jahr ein Geschenkbüchlein mit Lebensweisheiten, ein T-Shirt mit der Aufschrift „Mama ist die beste", zwei Taschenwärmer in Herzform, einen aufblasbaren Getränkeständer mit Palme, eine Tontasse mit Knubbelnase und eine CD mit den schönsten Hits zum Träumen. Seit einem Jahr liegt das Zeug in der Schublade herum. An diesem Geburtstag war es anders. Den Gutschein von Ole, ihr Fahrrad zu reparieren und zu putzen, hat sie schon einen Tag später eingelöst. Die selbst gemachten Pralinen von Lea waren nach einer Woche aufgegessen und morgen wird sie mit ihrer Freundin die beiden Kinokarten nutzen, die ihr Mann ihr geschenkt hat.

5. Erstellt, mit der ganzen Klasse zusammen, zwei Poster. Schreibt auf das eine Poster ein paar Geschenkartikel, die eurer Meinung nach niemandem nützen. Schreibt auf das andere Poster Ideen für Geschenke, die wenig Rohstoffe verbrauchen und kaum Müll produzieren.

Leihen: Thomas hat zum Geburtstag eine neue Bohrmaschine bekommen, die eine ordentliche Stange Geld gekostet hat. Sein Nachbar Martin war richtig neidisch und bemerkte: „So eine werde ich mir auch kaufen, meine gibt nämlich gerade den Geist auf." „Ich würde sie dir wohl ab und zu leihen", fällt Thomas ein. „Du könntest dich revanchieren, wenn du mir dafür mal deine elektrische Heckenschere überlassen würdest." Der Handel ist perfekt und schon fallen den beiden noch mehr Geräte für Haus und Garten ein, die sie sich gegenseitig leihen könnten.

6. Überlege, wo es für dich selbst sinnvoll ist, Sachen zu leihen anstatt zu kaufen. Welche Dinge möchtest du hingegen lieber für dich allein haben?

5 ▶▶ FREIZEIT, REISEN UND ENGAGEMENT

5 ▷▷ FREIZEIT, REISEN UND ENGAGEMENT

AUF DAS AUTO VERZICHTEN

Problemfall Auto

- Verkehrsunfälle sind die häufigste Todesursache für junge Menschen. Im Straßenverkehr sterben jährlich Tausende von Menschen und Hunderttausende werden verletzt.
- Autoabgase verursachen Krankheiten. Besonders Feinstaub ist gefährlich. Im Sommer bildet sich aus den Abgasen Ozon, was zu Atemwegsproblemen, Kopfschmerzen und Augenreizungen führt.
- Fast ein Viertel der klimaschädlichen Treibhausgase produziert der Verkehr. Erdöl ist darüber hinaus eine knappe Ressource.
- Nicht nur durch den Bau von Straßen und Parkplätzen wird Natur zerstört. Auch Tankerunglücke sind indirekt dem Autoverkehr zuzuordnen. Pflanzen leiden unter Ozon und saurem Regen.
- Lärm, Abgase und autogerechte Stadtplanung machen das Wohnen in den Städten immer unattraktiver.

WAS TUN?

Wo immer es möglich ist, solltest du darauf verzichten, dich mit dem Auto fahren zu lassen. Plane deinen Alltag so, dass unnötige Wege vermieden werden. Gehe zu Fuß oder steige auf das Fahrrad um. Nutze ansonsten öffentliche Verkehrsmittel. Sie verursachen zwar grundsätzlich ähnliche Probleme wie Autos, allerdings in viel geringerem Maße, weil sie von vielen Menschen geteilt werden.

„Ich glaube an das Pferd. Das Automobil ist eine vorübergehende Modeerscheinung."
(Wilhelm II., 1859–1941, deutscher Kaiser)

Alle wollen zurück zur Natur, aber keiner zu Fuß.

---

1. Wissenschaftler haben festgestellt, dass Menschen in fast allen Kulturen etwa 60–90 Minuten für ihre täglichen Wege benötigen, egal ob sie zu Fuß, auf Tieren, mit öffentlichen Verkehrsmitteln oder mit dem Auto unterwegs sind. Versuche, dieses Phänomen zu erklären.

2. Schaue dir die unten stehenden Gründe an, die Menschen dazu bewegen könnten, ihr Auto seltener zu nutzen oder gar abzuschaffen. Welche davon könnten für dich wichtig sein, welche nicht?
besseres Wetter – höhere Benzinpreise – verstopfte Straßen – kürzere Reisezeiten und bessere Anschlüsse in öffentlichen Verkehrsmitteln – autofreie Siedlungen – gesperrte Innenstädte – mehr Zeit – andere Leute als Vorbild – billigere öffentliche Verkehrsmittel – mehr Fahrradwege – teurere Parkplätze – fußgängerfreundlichere Städte – bequemere und sauberere Busse und Bahnen – höhere Kraftfahrzeugsteuern – erhöhte Sicherheit an Haltestellen und Bahnhöfen – mehr Tempolimits – bequeme Fahrradmitnahme in Bussen und Bahnen – Möglichkeit, sich Autos mit vielen Leuten zu teilen und nach Bedarf auszuleihen (Carsharing) – Möglichkeit, sein Auto abzustellen und mit öffentlichen Verkehrsmitteln weiterzufahren (Park and ride)

FREIZEIT

Fitnessstudio/Fußballverein – Band/Bergwandern – Karaoke/Kirchenchor – Kirmes/Kletterhalle – Hobbykeller/Haustier – Spaßbad/Sportstadion – Shoppen/Chillen – Zoo/Zocken – Museum/Mittagsschlaf – Freiwillige Feuerwehr/Fahrrad fahren – Disco/Disney-Land – Greenpeace/Gitarre spielen – Krimi/Kino

Freizeit im Wandel der Zeit

Wann gearbeitet wurde und wann nicht, wurde auf einem Bauernhof im Mittelalter durch die Natur und den Wechsel von Jahres- und Tageszeiten bestimmt. Mit der **Industrialisierung** begann man, zwischen **Freizeit und Arbeitszeit** zu unterscheiden. Bis etwa 1950 diente die freie Zeit jedoch vorwiegend der **Erholung** nach getaner Arbeit. Später stand zunächst die Beschäftigung mit der **Familie** im Vordergrund, aber auch die Betätigung in **Vereinen, Parteien** oder der **Kirche**. Ende der 1960er-Jahre gewann das **Fernsehen** zunehmend an Bedeutung, aber auch mit **Einkaufen** wurde in diesen konsumorientierten Jahren ein Großteil der Freizeit zugebracht. Seit den 1980er-Jahren ist es den Menschen wichtig, in ihrer Freizeit **etwas zu erleben**. Die Freizeitgestaltung spielte gegenüber der Arbeit eine immer wichtigere Rolle bei der Prägung des eigenen Lebensstils. In den 1990er-Jahren setzte schließlich der **Wellness-Boom** ein, bei dem Gesundheit und Wohlbefinden in den Vordergrund traten.

Im Freizeitpark

„KATHEDRALEN DER FREIZEITGESELLSCHAFT"

(Dieser Begriff für Freizeitparks wurde von dem Freizeitsoziologen Horst Opaschowski geprägt.)

Während auf der einen Seite die Natur als Kulisse, z. B. für Funsportarten, degradiert wird, öffnen auf der anderen Seite immer mehr künstliche Freizeitwelten, die einen höheren Erlebniswert als die echte Natur versprechen. Eine Skihalle, wie das Alpine Skicenter in Bottrop, verbraucht im Jahr dieselbe Menge an Energie wie 1 000 Privatleute. Das 3- bis 4-fache der Energie zum Betreiben eines solchen Parks wird für die An- und Abreise aufgewendet. Das liegt daran, dass derartige Einrichtungen meist nur für einen Tag besucht werden. Weitere Umweltprobleme sind Flächen- und Wasserverbrauch sowie anfallender Müll.

1. *Stimmt mit der Klasse für jedes Wortpaar ab, welche der beiden Freizeitbeschäftigungen attraktiver ist. Seid ihr euch einig oder gibt es auch in eurer Altersgruppe sehr unterschiedliche Vorstellungen von Freizeitgestaltung?*

2. *In welche Zeit passen deine persönlichen Vorstellungen von Freizeitgestaltung am besten hinein?*

3. *Suche dir einen Freizeitpark aus, den du schon einmal besucht hast, und überlege, wie er die Umwelt belastet. Welche Umweltbelastungen kann ein Besucher durch umsichtiges Verhalten begrenzen, welche nicht?*

VERREISEN

Diese Sommerferien fährt Paul mit den Pfadfindern in den Urlaub. Sie fahren mit dem Bus nach Schweden, um dort zu zelten und zu paddeln. Leider kommt keiner von Pauls besten Freunden mit ins Camp. Leon fährt, wie jedes Jahr, mit der Familie und dem Campinganhänger nach Holland und Marcos Familie fliegt zu einem Ökourlaub in den Urwald von Costa Rica. Pauls Eltern fliegen für zwei Wochen in einen Pauschalbadeurlaub nach Mallorca. Danach wollen sie alle zusammen noch eine Woche den Rhein entlangradeln und in Jugendherbergen übernachten. Opa hat keine Lust, zu verreisen, jetzt, wo es im Schrebergarten so schön ist. Oma fährt daher mit ihrer Freundin nach Venedig. Sie haben ein Schlafwagenabteil in der Bahn und ein schickes Hotel gebucht. Pauls Tante fliegt ein verlängertes Wochenende zum Shoppen nach New York und wird sich danach auf einer Wellness-Farm im Sauerland erholen. Für die Herbstferien hat sie versprochen, mit Paul und seiner Schwester für ein Wochenende ins Disneyland Paris zu fahren. Pauls großer Cousin braucht nicht zu verreisen. Er befindet sich gerade auf Weltreise und wird vor einem halben Jahr nicht zurückerwartet.

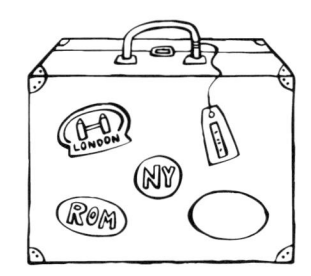

WAS TUN?

- Bei kurzen Entfernungen auf das Flugzeug verzichten
- Urlaubsziele in der Nähe weit entfernten Urlaubszielen vorziehen
- Lieber wenige lange Reisen als viele Kurztrips unternehmen (nach Empfehlungen des WWF: ab 700 Kilometer mindestens 8 Tage, ab 2 000 Kilometer mindestens 15 Tage bleiben)
- Z. B. unter www.atmosfair.de ausrechnen, wie groß der Klimaschaden ist, der mit einer Flugreise angerichtet wird, und eine entsprechende Gebühr für Klimaschutzprojekte entrichten
- So oft wie möglich mit der Bahn fahren

---

1. Welche der oben beschriebenen Arten, Urlaub zu machen, gefallen dir, welche nicht? Begründe warum.
2. Beurteile die verschiedenen Urlaubsreisen im Hinblick auf den Klimaschutz.
3. Was spielt, abgesehen vom Klimaschutz, eine Rolle, wenn es darum geht, ob mit dem Auto, der Bahn oder dem Flugzeug verreist wird?

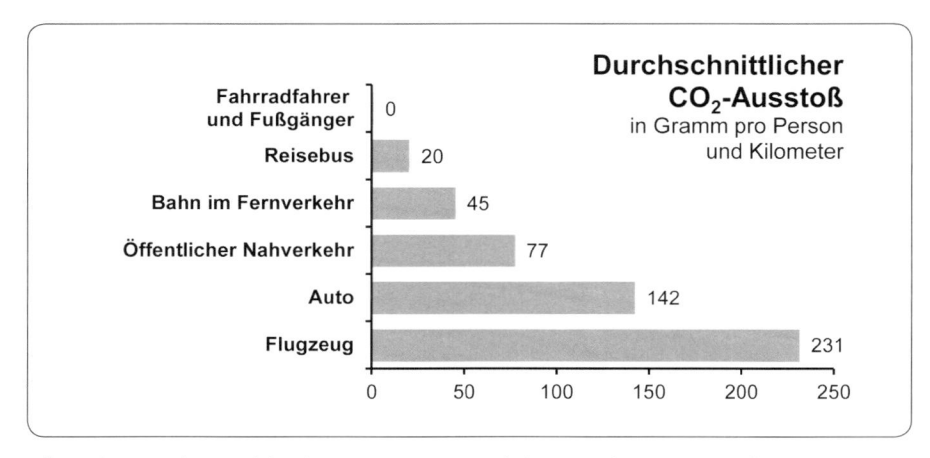

Durchschnittlicher CO_2-Ausstoß in Gramm pro Person und Kilometer

Fahrradfahrer und Fußgänger	0
Reisebus	20
Bahn im Fernverkehr	45
Öffentlicher Nahverkehr	77
Auto	142
Flugzeug	231

Informationen nach: Umweltbundesamt: „Daten zum Verkehr", Ausgabe 2012, S. 32 auf www.umweltbundesamt.de/sites/default/files/medien/publikation/long/4364.pdf

FLIEGEN, AUTO ODER BAHN?

Etwa 2% der weltweiten Treibhausgasemissionen werden durch Flugzeuge verursacht. Das liegt daran, dass die Treibhausgase in großer Höhe ausgestoßen werden. Ein einfacher Flug von Berlin nach New York entspricht der negativen Klimawirkung von einem Jahr Autofahren.

ROLLENSPIEL SKIURLAUB 1/2

Tut euch in Kleingruppen mit jeweils sechs Schülern zusammen (wenn sich kleinere Gruppen ergeben, so verzichtet auf die Rolle der Mutter). Schneidet die Rollenkarten einzeln aus und verlost sie innerhalb der Gruppe. Lest zunächst den Text mit Hintergrundinformationen auf S. 90. Spielt anschließend das Rollenspiel, versetzt euch dabei in eure jeweilige Rolle hinein und kommt gemeinsam zu einem Entschluss, ob die Skifreizeit durchgeführt werden sollte oder nicht.

Die Situation: Die Klassen 8 der Gesamtschule Neuenkirchen fahren seit Jahren jedes Jahr für eine Woche zum Skilaufen in den bayrischen Ort Waldeshöh. Im letzten Jahr lag dort jedoch kaum Schnee und Skilaufen war nicht möglich. In diesem Jahr hat der Ort Schneekanonen eingesetzt und verspricht Schneesicherheit. Der Urlaub ist jedoch dadurch pro Schüler um 80 Euro teurer geworden. Lehrer, Eltern- und Schülervertreter diskutieren nun, ob die Skifreizeit weiterhin so durchgeführt werden oder ob sie durch ein anderes Ziel oder eine andere Aktivität ersetzt werden sollte.

Die Rollen

Claudia Müller (Erdkundelehrerin): Du bist der Meinung, dass Skifahren nicht mehr zeitgemäß ist. Durch den Klimawandel wird die Schneesicherheit in den nächsten Jahren abnehmen, sodass die Schule deshalb auf eine andere Aktivität ausweichen sollte.

Roland Schulze (Sportlehrer): Du bist der Meinung, dass der Skiurlaub ein wichtiges Gemeinschafts- und Naturerlebnis für die Jugendlichen ist, das auf jeden Fall weitergeführt werden sollte. Der Hüttenwirt ist zudem ein guter Freund von dir und du möchtest nicht, dass er finanzielle Einbußen hat, wenn die Schule nicht mehr kommt. Wenn es teurer wird, sollte für die Schüler, die es sich sonst nicht leisten können, der Förderverein einspringen.

Eva Schmidt (Mathelehrerin): Dir hat es auf der Skifreizeit eigentlich immer gut gefallen und deshalb würdest du die Sache gerne fortführen. Allerdings bist du der Meinung, dass man das Ganze auch umweltverträglicher gestalten könnte, indem man z. B. Langlauf anstatt von Abfahrtsski fährt oder ein anderes Ziel ansteuert, an dem bei der Unterkunft auf Nachhaltigkeit und Umweltverträglichkeit Wert gelegt wird.

Martin Meier (Biologielehrer): Du warst schon immer gegen die Skifreizeit. Skifahren ist eine große Belastung für Natur und Umwelt, sodass es ökologisch nicht vertretbar ist. Nun, wo auch noch das Problem des Kunstschnees hinzukommt, ist endgültig die Zeit gekommen, die Sache zu begraben.

Sabine Lehmann (Mutter und Elternvertreterin): Dir ist wichtig, dass die Klassenfahrt für alle erschwinglich bleibt. Du kennst einige Eltern, die schon jetzt Probleme haben, das Geld für die Klassenfahrt aufzubringen, und durch die höheren Preise in Schwierigkeiten kommen könnten. Die Schüler können deiner Meinung nach auch an einem anderen, nicht so teuren Ziel Spaß haben.

Simon Neubert (Schülervertreter): Du findest Skifahren prima, besonders Snowboarden. Mit Langlaufurlaub könntest du dich nicht anfreunden, dann kann man ja auch gleich wandern gehen! Wenn der Skiurlaub ersetzt wird, dann bitte durch eine spannende Trendsportart, bei der alle wirklich Spaß haben können.

ROLLENSPIEL SKIURLAUB 2/2

HINTERGRUNDINFORMATIONEN

Um eine Skipiste anzulegen, muss zunächst sehr viel Wald gerodet werden. Damit geht Lebensraum für Pflanzen und Tiere sowie ein wirksamer Schutz vor Lawinen und Erdrutschen verloren.

Skipisten werden planiert, also mit schwerem Gerät eingeebnet. Dabei wird die Vegetation vernichtet und der Boden verdichtet. Weniger Wasser kann im Boden versickern und mehr Wasser fließt oberirdisch ab. Dadurch kommt es zum einen zu Überschwemmungen und zum anderen zu Schlamm und Geröllabgängen. Für die Anlage von Hotels, Parkplätzen und Zubringerstraßen werden weitere Flächen asphaltiert und zubetoniert und verstärken das Problem.

Durch die Skifahrer selbst werden Tiere aufgeschreckt und in ihrer Winterruhe gestört. Das gilt besonders dann, wenn abseits von Pisten und Loipen gefahren wird. Die befahrenen Flächen können sich auch im Sommer nicht von der Belastung im Winter erholen.

Der Klimawandel bedroht derzeit viele Skigebiete, insbesondere die tiefer gelegenen. Bei einer Erwärmung von nur einem Grad sind 30–50 % aller deutschen Skigebiete nicht mehr schneesicher, bei 4 °C wäre nur noch auf der Zugspitze regelmäßig Skisport möglich. Die Wintersportorte sind jedoch auf die Einnahmen aus dem Skitourismus angewiesen und versuchen deshalb alles, um den Skisport aufrechtzuerhalten.

Wenn der Schnee ausbleibt, werden in vielen Orten Schneekanonen eingesetzt, die Kunstschnee erzeugen. Sie verbrauchen große Mengen an Wasser und Energie und sind z. B. dafür verantwortlich, dass viele Alpenflüsse bereits weniger Wasser führen. Die Geräusche der Schneekanonen verstören die Tiere und weil Kunstschnee dichter ist als natürlicher Schnee, gelangt weniger Sauerstoff an den Boden, was schlecht für die Pflanzen ist.

Auf der einen Seite erschwert der Klimawandel den Skitourismus, auf der anderen Seite treibt letzterer den Klimawandel noch weiter voran. Schneekanonen, Lifte, aber auch die Anfahrt der Skitouristen für relativ kurze Zeit sind mit einem hohen Energieaufwand und somit auch mit einem hohen CO_2-Ausstoß verbunden, sodass der Wintersport insgesamt, ökologisch gesehen, sehr problematisch ist.

Wer umweltverträglicher Ski fahren möchte, sollte dies auf keinen Fall abseits des dafür vorgesehenen Geländes tun, lieber Langlauf- als Abfahrtsski fahren, Kunstschnee meiden, mit der Bahn anreisen und sich eine Unterkunft suchen, die für ihre Nachhaltigkeit ausgezeichnet wurde.

Wenn der Schnee ausbleibt, helfen Schneekanonen nach.

Skigebiet im Sommer

SICH ENGAGIEREN

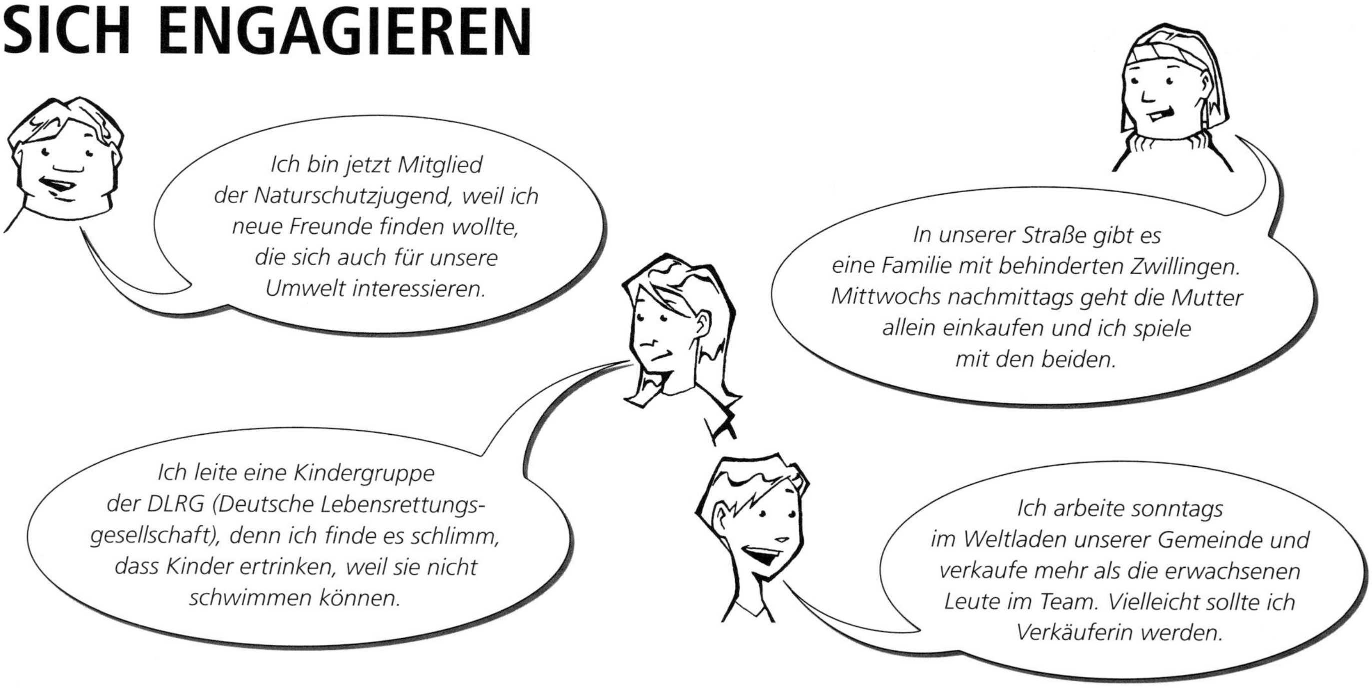

> Ich bin jetzt Mitglied der Naturschutzjugend, weil ich neue Freunde finden wollte, die sich auch für unsere Umwelt interessieren.

> In unserer Straße gibt es eine Familie mit behinderten Zwillingen. Mittwochs nachmittags geht die Mutter allein einkaufen und ich spiele mit den beiden.

> Ich leite eine Kindergruppe der DLRG (Deutsche Lebensrettungsgesellschaft), denn ich finde es schlimm, dass Kinder ertrinken, weil sie nicht schwimmen können.

> Ich arbeite sonntags im Weltladen unserer Gemeinde und verkaufe mehr als die erwachsenen Leute im Team. Vielleicht sollte ich Verkäuferin werden.

Engagement

Es gibt viele Gründe, sich zu engagieren. Sie müssen nicht immer uneigennützig sein, denn auf diese Art und Weise kann man Spaß haben, Freunde finden, mitbestimmen oder etwas für seinen späteren Beruf lernen. An jedem Ort gibt es **Kirchengemeinden** und **Sportvereine**, wo man sich engagieren kann. Auch Jugendverbände, wie z. B. die **Pfadfinder** oder die **Landjugend**, und Nachwuchsorganisationen von Verbänden, in denen erwachsene Menschen ehrenamtlich tätig sind, sind verbreitet. Zu Letzteren gehören z. B. Hilfswerke, wie die **Freiwillige Feuerwehr** oder das **Deutsche Rote Kreuz**. Wer sich für Politik interessiert, kann vor Ort dem Jugendverband einer Partei beitreten. Naheliegend ist, sich dort zu engagieren, wo es einen direkt betrifft, z. B. in der Schülervertretung seiner Schule. Wer sich lieber für Natur und Umwelt, Menschenrechte oder globale Gerechtigkeit starkmachen möchte, sollte zunächst die Internetseiten der entsprechenden Organisationen, wie z. B. **Greenpeace** oder **Amnesty International**, besuchen. Dort kann man herausfinden, wo es Gruppen gibt und was man als Jugendlicher dort tun kann. Oft besteht die Möglichkeit, mit Gleichgesinnten eine eigene Ortsgruppe zu gründen und das Aktionsmaterial dann von der Organisation zu beziehen.

Wer sich für Tiere starkmachen möchte, kann sich auch im lokalen **Tierheim** betätigen. Engagement muss jedoch nicht immer an eine Organisation oder einen Verein gekoppelt sein. Manch einer möchte lieber einfach etwas für die Nachbarn tun, wie alten Menschen beim Einkaufen oder Kindern bei den Hausaufgaben helfen.

Ehrenamtliches Engagement:
Unbezahlte, freiwillige Tätigkeit („Zeitspende")

1. Findet (eventuell auch über das Internet) heraus, wo man sich in eurem Heimatort als Jugendlicher ehrenamtlich engagieren kann. Schreibt über jede Gruppe einen kurzen Text, was dort getan wird, wann und wo sich die Gruppe trifft und unter welchen Voraussetzungen man mitmachen kann. Erstellt ein kleines Heft mit euren Ergebnissen, welches ihr kopieren und an der Schule verteilen könnt bzw. gegen den Kopierkostenbeitrag verkaufen könnt.

2. „Parteien sind nur Treffpunkte für Leute, die auf natürlichem Weg keine Freunde finden."
(Richard Rogler)
„Diejenigen, die zu klug sind, sich in der Politik zu engagieren, werden dadurch bestraft, dass sie von Leuten regiert werden, die dümmer sind als sie selbst." (Platon)
Diskutiert die beiden Aussagen über das Engagement in politischen Parteien. Was spricht insgesamt dafür, was dagegen, sich dort zu engagieren?

FLÜCHTLINGEN HELFEN

Im Jahr 2015 kamen 1,1 Millionen Flüchtlinge nach Deutschland, erheblich mehr als in den Jahren zuvor. Sie kamen aus Syrien, Afghanistan, Iran, Irak, dem Balkan und Afrika und flohen vor Bürgerkrieg, Terrorismus, staatlicher Gewalt und Armut. Flüchtlinge, die in Deutschland ankommen, werden meist zunächst in großen Sammelunterkünften, z. B. einer Zeltstadt, untergebracht. Weil sie auf ihrer Flucht nichts mitnehmen konnten, fehlt es meist an allem Möglichen. Es gibt viele Möglichkeiten, wie man Flüchtlingen in Deutschland helfen und ihr Leben angenehmer gestalten kann, und es gibt viele Menschen, die sich darum bemühen. Hier ein paar Beispiele.

- Die Familie von Jonas hat in der Sammelstelle angerufen und gefragt, was dort für die Flüchtlinge benötigt wird. Anschließend haben sie zu Hause gründlich ausgemistet und alles, was die Flüchtlinge gebrauchen können, in der Sammelstelle abgegeben.
- Marie und Aisha helfen bei der Kleidersammelstelle. Marie sortiert dort die Kleiderspenden nach Größe und Aisha gibt die Kleidung an die Flüchtlinge aus. Dass sie Arabisch spricht, hilft ihr dabei, sich mit den Menschen zu verständigen.
- Anton gibt in einer Flüchtlingsunterkunft ehrenamtlichen Deutschunterricht. Er ist kein Lehrer, aber er hat an einem Workshop teilgenommen, wie man den Unterricht gestalten sollte.
- Fionas Familie hat im Gästezimmer einen Flüchtling aufgenommen. Sie hoffen, dass Farid aus Afghanistan nicht wieder abgeschoben wird, sondern die Anerkennung bekommt und länger bei ihnen bleiben kann.
- Sabine geht einmal die Woche in die Flüchtlingsunterkunft, um Menschen bei Arzt- und Behördengängen zu begleiten. Mit etwas Englisch und Französisch verständigt sie sich mit den Flüchtlingen und kann ihnen so helfen.
- Alina und Paul haben eine Bastel- und Spielgruppe für Flüchtlingskinder gegründet. Das Material dafür haben sie durch Spenden der Kirchengemeinde erhalten.

Bildet eine Kleingruppe mit ca. fünf Schülern und überlegt, wie ihr Flüchtlingen helfen könnt. Notiert die Ergebnisse und stellt sie anschließend der Klasse vor.
a) *Welche Dinge benötigen Flüchtlinge wohl besonders dringend und wo könnte man sie herbekommen?*
b) *Welche Aktionen könnte man durchführen, um an Geldspenden für Flüchtlinge zu kommen?*
c) *Welche Aktivitäten könnte man in Flüchtlingsunterkünften für Kinder anbieten?*
d) *An welchen eurer Freizeitaktivitäten (z. B. Sport, Musik etc.) könnte man Flüchtlinge teilhaben lassen?*

ENGAGEMENT IN JUGENDGRUPPEN

Jugendleitercard (JuLeiCa)

Wie sieht das rechtlich mit der Aufsichtspflicht aus? Wie gehe ich mit Störenfrieden in der Gruppe um? Was ist bei der Zubereitung eines Essens für 30 Personen zu beachten? Wer ehrenamtlich eine Jugendgruppe leitet, kann die Jugendleitercard erwerben und muss dazu einen Gruppenleitergrundkurs und einen Erste-Hilfe-Kurs besuchen. Die Beantragung erfolgt über den Verband, in dem der Jugendleiter tätig ist. Das Mindestalter ist 16 Jahre.

Henry war über Pfingsten mit seiner Jugendgruppe im Zeltlager. Nächstes Wochenende werden sie mit einer Autowaschaktion Geld für ein Kinderkrankenhaus in Rumänien verdienen und an einem Fußballturnier teilnehmen. An den Gruppennachmittagen stehen jedoch auch Brandschutz, Erste Hilfe und der Umgang mit Leitern, Leinen und Schläuchen auf dem Programm. Während sich die Aktivitäten von Henrys Jugendfeuerwehrgruppe einerseits kaum von denen anderer Jugendgruppen unterscheiden, wird andererseits auf die ehrenamtliche Arbeit in der Freiwilligen Feuerwehr vorbereitet. Ähnlich ist es bei anderen Jugendgruppen. Ob Kaninchenzüchterverein oder Katholische Landjugend, das soziale Miteinander und das gemeinsame Erleben stehen meist im Vordergrund.

In Jugendgruppen kann freiwilliges Engagement auch eine Menge Spaß machen.

Einige Jugendorganisationen …

Christlicher Verein junger Menschen (CVJM): Mit 45 Millionen Mitgliedern die größte Jugendorganisation der Welt, welche christlich, jedoch nicht konfessionell geprägt ist.

Pfadfinder: Internationale, religiös und politisch unabhängige Bewegung zur Erziehung und Persönlichkeitsentwicklung junger Menschen, zu der auch konfessionelle Bünde gehören. Der größte von ihnen ist der katholische Pfadfinderverband „Deutsche Pfadfinderschaft Sankt Georg" (DPSG).

Naturfreundejugend: Kinder- und Jugendverband, der sich für die Umwelt und darüber hinaus für Frieden und Nachhaltigkeit und gegen Rassismus engagiert und politisch links einzuordnen ist.

Naturschutzjugend: Großer Jugendumweltverband mit dem Ziel, Kinder für die Natur zu sensibilisieren und ihr Engagement im Natur- und Umweltschutz zu fördern.

Landjugend: Jugendorganisation mit dem Ziel, jungen Menschen Perspektiven zum Leben auf dem Land zu geben. Es gibt einen überkonfessionellen, einen katholischen und einen evangelischen Landjugendverband.

Falken: Sozialistische Jugend Deutschlands (SJD), aus der Arbeiterbewegung hervorgegangener, linker Kinder- und Jugendverband.

1. Welche Dinge sind schöner mit einer Jugendgruppe zu unternehmen, was kann man besser allein oder mit ein paar Freunden machen?

2. Würdest du dich trauen, eine Gruppe mit jüngeren Kindern zu leiten? Was würde dir daran Spaß machen? Wo könnte es Probleme geben?

AKTIONEN VON NICHTREGIERUNGSORGANISATIONEN

In Aachen haben sich als Hühner verkleidete Jugendliche der Tierschutzjugend in einen Drahtkäfig gesperrt, um auf das Leid in Legebatterien aufmerksam zu machen. Die Greenpeace-Jugend in Hamburg bastelt aus Protest gegen schwere, klimaschädliche Autos ein Steinzeitauto, vor dem sich Menschen mit einer Botschaft an die Autoindustrie fotografieren lassen können. In der Berliner Metro machen musizierende Jugendliche mit dem Bob-Marley-Song „Stand up for your rights!" auf den Kampf von Amnesty International für die Menschenrechte aufmerksam. Mit solchen Aktionen weisen Jugendliche verschiedener Nichtregierungsorganisationen auf Missstände hin. Sie finden an öffentlichen Plätzen mit viel Publikumsverkehr statt. Darüber hinaus werden z. B. Spenden oder Unterschriften gesammelt, Protestbriefe an Verursacher und Politiker geschrieben und Aufklärung betrieben, damit die Menschen ihr Konsumverhalten ändern.

1. Schreibt jeder ein Problem in Bezug auf soziale Gerechtigkeit, Umwelt- oder Tierschutz auf einen Zettel. Mischt die Zettel und verteilt sie neu. Überlegt euch jeder eine fantasievolle Aktion, um der Lösung des Problems, welches nun vor euch auf dem Tisch liegt, näherzukommen.

2. Besuche die Webseiten der fünf aufgeführten Nichtregierungsorganisationen. Bei welcher würdest du am liebsten mitmachen? Begründe deine Antwort.

3. Was sind die wesentlichen Unterschiede zwischen den beiden Umweltorganisationen Greenpeace und BUND?

Einige Nichtregierungsorganisationen, bei denen du an Aktionen teilnehmen kannst:

Amnesty International – Internationale Organisation zum Schutz der Menschenrechte. Sie engagiert sich gegen Todesstrafe, Folter, Inhaftierung und Ermordung von gewaltlosen politischen Gefangenen und für den Schutz von Flüchtlingen. Bei der Arbeit geht es um die Erzeugung öffentlichen Drucks, z. B. durch Briefe an Regierungsvertreter und Behörden. Webseiten: www.amnesty.de und www.amnesty-jugend.de (Jugend).

Greenpeace – Internationale Organisation, die auf weltweite Umweltprobleme hinweist und versucht, gewaltfrei Lösungen durchzusetzen. Unter anderem begeben sich Greenpeace-Aktivisten an die Orte der Umweltzerstörung, behindern die Verursacher und üben mit auffälligen Protestaktionen Druck aus. Webseiten: www.greenpeace.de und www.greenpeace-jugend.de (Jugend).

attac – Internationales globalisierungskritisches Netzwerk von Organisationen und Einzelpersonen, die sich für eine ökologische, solidarische und friedliche Weltwirtschaftsordnung einsetzen. Neben Kampagnen und Protestaktionen finden regelmäßig Veranstaltungen zum Erfahrungsaustausch und zur Fortbildung statt. Webseiten: www.attac.de und www.no-ya.de (Jugend).

BUND – Vom Staat anerkannter Umwelt- und Naturschutzverband mit Sitz in Deutschland, der bei Planungseingriffen in den Naturhaushalt anzuhören ist. Die Aktionen reichen von praktischem Naturschutz, wie Baumpflege, bis zu Klimaschutzkampagnen. Webseiten: www.bund.net und www.bundjugend.de (Jugend).

Deutscher Tierschutzbund – Dachverband von über 740 Tierschutzvereinen mit mehr als 550 vereinseigenen Tierheimen und Auffangstationen, der für Heimtiere, Wildtiere, landwirtschaftlich genutzte Tiere und Tiere, die in Versuchen zum Einsatz kommen, eintritt. Der praktische Einsatz zum Wohl aller Tiere und die Förderung des Tier- und Naturschutzgedankens sind zentrale Aufgaben des Deutschen Tierschutzbundes und seiner angeschlossenen Vereine. Webseite: www.tierschutzbund.de und www.jugendtierschutz.de (Jugend).

MENSCHEN IM AUSLAND HELFEN

Freiwilliges soziales Jahr (FSJ)

Wer die Schule abgeschlossen hat und noch keine 27 Jahre alt ist, kann ein freiwilliges soziales Jahr an einer sozialpflegerischen oder gemeinnützigen Einrichtung (z.B. Altenheim, Naturschutzorganisation, Museum, Sportverein) absolvieren. Es sind Zeiten zwischen 6 und 18, in Ausnahmen 24 Monaten möglich. Die Vergütung ist unterschiedlich, je nach Träger gibt es Taschengeld, Unterkunft, Verpflegung oder Fahrtkostenerstattung. Das freiwillige soziale Jahr kann auch im Ausland absolviert werden. Mehr dazu unter www.pro-fsj.de Alternativ kann man auch ein freiwilliges ökologisches Jahr (FÖJ) machen.

Patenkinder

Letitia ist acht Jahre alt und lebt mit ihren Eltern und ihren vier Geschwistern in einer Kleinstadt in Brasilien. Ihr Vater arbeitet ab und zu als Erntehelfer, doch derzeit ist er arbeitslos. Seit Letitia das Patenkind von Familie Hoffmann in Bremen ist, darf sie zur Schule gehen. Vorher war einfach nicht genug Geld da. Die Hoffmanns zahlen dafür 28 Euro monatlich an eine Patenschaftsorganisation. Sie haben selbst zwei Töchter, Maja (8) und Emily (13). Abwechselnd schreiben sie Briefe und schicken Fotos an Letitias Familie. Letitia hat schon einige selbst gemalte Bilder geschickt und auch die Patenschaftsorganisation schickt jährlich Neuigkeiten und informiert die Hoffmanns über Projekte, mit denen Familien dort geholfen wird. Mehr dazu: www.plan.de

Workcamp

Jonas (16) hat in den Ferien Kriegsgräber in Berlin restauriert, Lena (13) Abfall in der Auvergne gesammelt, Maria (18) einen Kindergarten auf der Insel Pemba in Tansania gebaut und Simon (17) in der Slowakei Vögel gezählt und Naturwiesen gepflegt. In Workcamps treffen sich junge Menschen aus verschiedenen Ländern, für einige Wochen, um gemeinsam gemeinnützige Arbeit zu leisten. Es gibt keinen Lohn, jedoch freie Unterkunft und Verpflegung. Die Campsprache ist Englisch. Die meisten Workcamps sind für Leute zwischen 18 und 26 Jahren. Es gibt jedoch auch spezielle Teenage-Workcamps für Jugendliche. Hier wird nicht so lange gearbeitet und es gibt mehr Betreuer und Freizeitangebote. An manchen Workcamps können auch Familien mit jüngeren Kindern teilnehmen. Mehr dazu unter www.ijgd.de

Mit einer Patenschaft ermöglicht man Kindern ein besseres Leben.

---

1. Sprecht in der Klasse darüber, ob ihr euch vorstellen könnt, ein FSJ oder FÖJ zu machen. Wer von euch hat sich vielleicht schon näher dazu erkundigt und möchte nach der Schule an einem solchen Programm teilnehmen? Was sind die Vorteile, daran teilzunehmen, was spricht vielleicht auch dagegen?

2. Schreibe einen Werbetext, mit dem du Jugendliche überzeugst, an einem internationalen Workcamp teilzunehmen. Er kann auch lustig oder völlig übertrieben sein und andere Möglichkeiten, seine Ferien zu verbringen, schlechtmachen.

3. Patenkinder sind eine Möglichkeit, mit denen, denen man hilft, in Kontakt zu treten. Es ist auch möglich, sein Patenkind in Absprache mit der Organisation für einen Tag zu besuchen. Man darf jedoch nicht länger dort bleiben oder das Kind irgendwohin mitnehmen. Überlege, warum das so ist.

GELD ANLEGEN

Kredite und Zinsen

Die Banken leihen sich das Geld von den Anlegern und vergeben damit **Kredite**, z. B. an große Unternehmen. Wer sein Geld anlegt, bekommt **Zinsen** (derzeit sind die Zinsen jedoch sehr niedrig, das war aber nicht immer so), wer einen Kredit bekommt, zahlt Zinsen. Die Banken machen Gewinne, weil die Zinsen, die der Anleger bekommt, niedriger sind, als die Zinsen, die der Kreditnehmer zahlt. Normalerweise ist nicht nachvollziehbar, ob das Geld letztlich bei einem Atomstromunternehmen oder einem Zigarettenhersteller landet. Meist achten Anleger und Banken nur darauf, möglichst hohe Zinsen zu bekommen. Es gibt jedoch auch Möglichkeiten, mit seinem Geld zur Weltverbesserung beizutragen.

Mikrokredite

In armen Ländern können **Kleinstkredite** von 50–100 Euro bereits ausreichen, damit ein Mensch einen kleinen Betrieb aufbauen kann, um sich seinen Lebensunterhalt zu verdienen. Bei der 38-jährigen Sundari aus Indien ist es ein Seifenhandel. Sie hofft, durch dieses Geschäft ihrer Familie eines Tages ein Haus mit fließendem Wasser bieten zu können. Die ökumenische Entwicklungsgenossenschaft Oikokredit investiert in solche Kredite zu fairen Bedingungen. 94 % davon werden übrigens zuverlässig zurückgezahlt. Wer Geld investieren möchte, muss mindestens 200 Euro anlegen und 20 Euro Mitgliedsbeitrag im Jahr zahlen. Er bekommt jährlich 2 % Zinsen und kann das Geld bei Bedarf wieder abheben (Stand 2016).

Alternative Banken

Alternative Banken bieten den gleichen Service wie normale Banken, achten jedoch darauf, dass ihre Geschäftspartner bestimmte ökologische, soziale und ethische Kriterien einhalten. Dafür sind meist die Zinsen etwas niedriger. Man kann sein Geld auch **direkt investieren**, z. B. in ein Windkraftunternehmen. Wenn es dem Unternehmen gut geht, kann man viel Geld gewinnen, andersherum jedoch auch Geld verlieren. **Ethische Investmentfonds** vermindern das Risiko, weil man sein Geld in eine Gruppe von Unternehmen investiert. Agenturen beurteilen, ob sie bestimmten ökologischen, sozialen und ethischen Kriterien genügen. Ist das nicht der Fall, wird das entsprechende Unternehmen aus dem Fonds ausgeschlossen.

LINKTIPP
Mehr Informationen findest du unter: www.oikocredit.org

„Geld ist ein guter Diener, aber ein miserabler Meister."
(Sprichwort)

1. Erkläre, wie das Sprichwort oben auf der Seite zu verstehen ist.

2. Überlege, welchen Unternehmen du dein Geld besonders gerne und welchen Unternehmen du dein Geld auf gar keinen Fall anvertrauen möchtest.

3. Schaue nach oder frage deine Eltern, wie viel Geld auf deinem Sparbuch ist und wie hoch der jährliche Prozentsatz an Zinsen ist. Rechne aus, wie viel Zinsen du am Ende des Jahres bekommen wirst. Recherchiere, wieviel du bei alternativen Anlagenmöglichkeiten bekommen würdest.

SPENDEN

Die Deutschen spendeten im Jahr 2015 pro Kopf 37 Euro. Wer spendet, darf dafür keine Gegenleistung erwarten. Andernfalls könnte es sich um Bestechung handeln, eine Straftat. Das ist z. B. der Fall, wenn eine Partei eine großzügige Spende bekommt und das Bauunternehmen des Spenders dafür einen millionenschweren Auftrag vom Staat erhält. Wer spendet, erhält jedoch für den gespendeten Betrag eine Steuervergünstigung.

PRIVATSTIFTUNGEN

Die „Bill and Melinda Gates"-Foundation ist die größte **Privatstiftung** der Erde. Sie dient schwerpunktmäßig der Entwicklungshilfe und Bekämpfung von Krankheiten. Sie wird jedoch kritisiert, weil das Vermögen der Stiftung so angelegt ist, dass es auch Unternehmen zugutekommt, die gegen die Ziele der Stiftung arbeiten, wie z. B. Pharmakonzerne. Microsoft-Gründer Bill Gates plant, bis zu seinem Tod von seinem Privatvermögen, welches im Jahr 2015 72 Milliarden US-Dollar betrug, über 90 % zu spenden und seinen Kindern jeweils nur 10 Millionen US-Dollar zu überlassen.

Spendensiegel

Das deutsche Zentralinstitut für soziale Fragen (dzi) vergibt ein Spendensiegel für gemeinnützige Organisationen. Bei der Vergabe des Siegels spielt die Transparenz im Umgang mit den Spenden eine wichtige Rolle. Der Anteil der Spendengelder für Verwaltungs- und Werbezwecke darf nicht über 35 % betragen. Auf der anderen Seite darf der Zweck der Spende auch nicht durch eine mangelhafte Verwaltung gefährdet sein. Eine Liste der durch das Siegel empfohlenen Organisationen kann man auf den Webseiten des dzi (www.dzi.de) herunterladen.

Spende: Eine freiwillige unentgeltliche Gabe für einen wohltätigen Zweck in Form von Geld, Sach- oder Dienstleistungen.

Gemeinnützigkeit (englisch: non-profit): Ziel von Spenden sind meist gemeinnützige Organisationen, die das allgemeine Wohl fördern und keine eigenen materiellen und wirtschaftlichen Interessen haben.

Zu den Pflichten eines jeden volljährigen, geistig gesunden Muslims gehört der **Zakat**, eine Abgabe für arme Menschen. Gezahlt werden sollte 2,5 % dessen, was man nicht zum Leben braucht.

1. Diskutiert, wie viel seines Einkommens bzw. seines Vermögens man spenden sollte.

2. Diskutiert, ob es in Ordnung ist, wenn Bill Gates das Vermögen seiner Stiftung so einsetzt, dass ihr möglichst viel Geld für wohltätige Zwecke zufließt. Sollte er nach ethisch korrekten Geldanlagen suchen, auch wenn das im Endeffekt weniger Geld bedeutet?

WIE FÄNGT MAN AN?

Wer versucht, verantwortungsvoll zu leben, muss sich so einiges anhören. Hier ein paar Tipps, damit es dir gelingt:

- Reagiere nicht sofort auf jede Schreckensmeldung. Manches hat sich schon bald wieder erledigt. Versuche lieber, dich genauer zu informieren, indem du verschiedene Quellen nutzt.
- Fange nicht mit allem auf einmal an. Das lässt sich nicht durchhalten. Beginne stattdessen mit einfachen Dingen. Auch wenn eine Mehrfachsteckdose nur wenig Energie spart: Tu es!
- Prüfe erst die Möglichkeiten und nimm dir dann etwas vor. Es ist enttäuschend, einen Plan zu haben und dann festzustellen, dass es im Ort weder eine Greenpeace-Gruppe noch die Möglichkeit zum Kauf von Recycling-Schulheften gibt.
- Verzichte nicht auf etwas, das du wirklich gerne tust. Versuche stattdessen, es bewusster zu tun, und überlege, wo sich negative Folgen vermeiden bzw. vermindern lassen.
- Beachte die Verhältnismäßigkeit. Wer eine einwöchige Flugreise nach Japan unternimmt und dort im Waschbecken Stoffwindeln für Babys wäscht, weil er den Müllberg nicht vergrößern möchte, erweist der Welt keinen Dienst.
- Wenn du einmal gesündigt hast, ist das kein Grund, mit dem Weltretten aufzuhören. Wer verantwortungsvoll lebt, darf auch ausnahmsweise mal in einen Schnellimbiss gehen, sich mit Fleisch vollstopfen und einen Haufen Müll produzieren.
- Und zu guter Letzt: Versuche nicht ständig, andere zu überzeugen, sondern sei ein überzeugendes Vorbild.

> „Der Mensch kann jederzeit einen besseren Weg einschlagen – solange er lebt."
> (Henryk Sienkiewicz, 1846–1916, Schriftsteller)

Ich würde ja gerne mitmachen, aber verantwortungsvoll zu leben, kostet Zeit und Geld, und beides habe ich nicht.

Wo bleibt denn da der Spaß, wenn ich immer nur überlege, was gut für diese Erde ist? Ich finde dieses ganze Öko-Gehabe ziemlich uncool.

Ich habe schon genug Probleme, in der Schule klarzukommen und für meine Zukunft zu sorgen. Da kann ich nicht auch noch die Welt retten.

Das tust du ja nur, um dein Gewissen zu beruhigen. Ich finde, du nervst mit deinem Gutmenschentum.

Was darf man denn heutzutage überhaupt noch machen? In der Zeitung steht doch täglich etwas Neues, das schlecht für diese Welt ist.

Erstelle deinen eigenen Plan zum Weltretten, und überlege:

a) Was sind deine wichtigsten Ziele?

b) Was lässt sich mit wenig Aufwand schnell verändern?

c) Was wird dir schwerfallen und wo könnte es Probleme geben?

LÖSUNGEN

LÖSUNGEN

1. ▶ Worum geht es eigentlich

Seite 10 → Philosophische Hintergründe

1. Globale Erwärmung und Umweltprobleme dürfte es bei konsequenter Anwendung des kategorischen Imperativs nicht geben, zumindest nicht, wenn man davon ausgeht, dass den Verursachern die Folgen ihres Handelns bekannt sind.

2. Kant würde den Kauf von Fairtrade-Produkten empfehlen, da es ein allgemeines Gesetz sein sollte, dass man andere Menschen nicht ausbeutet. Bentham würde das Glück gegeneinander aufrechnen. Für die Menschen in den Industrieländern bedeutet es nur eine geringe Einbuße von Glück (Geld), Fairtrade-Produkte zu kaufen; das daraus entstehende Glück in den Erzeugerländern ist aber erheblich größer, sodass sich auch aus Benthams Sicht der Kauf empfehlen würde.

3. Stellt sich z. B. die Frage, ob man ein Flugzeug, das einen Angriff auf ein großes öffentliches Gebäude (wie beispielsweise beim Angriff auf das World Trade Center) plant, abschießen darf, um die Menschen in dem Gebäude zu schützen, so hätten Kant und Bentham ganz unterschiedliche Ansichten. Bentham würde einfach die Menschenleben gegeneinander aufrechnen und schauen, wo mehr Menschen sterben würden: im Flugzeug oder in dem Gebäude. Sterben mehr Menschen in dem Gebäude, so würde Bentham das Flugzeug abschießen lassen. Kant hingegen wäre der Ansicht, dass man Menschenleben nicht gegeneinander abwägen darf und man darüber hinaus niemals berechtigt ist, andere Menschen zu töten; dies schreibt das allgemeine Gesetz vor. Daher dürfte man laut Kant das Flugzeug nicht abschießen. So eine Situation stellt uns vor große moralische Zwickmühlen, denn sowohl Kant als auch Bentham haben gute Argumente für ihre Position und es ist schwer, zu entscheiden, was in einem solchen Fall moralisch richtig ist.
Tipp: Der ARD-Film „Terror", der auf ein bekanntes Theaterstück von Ferdinand von Schirach zurückgeht, befasst sich genau mit dieser Frage. Am Ende des Films oder des Theaterstückes müssen die Zuschauer entscheiden, wie sie urteilen würden, und entscheiden so über den Ausgang.

Seite 11 → Verantwortung gegenüber Tieren

2. Erinnerung, Vorfreude und Enttäuschung

Seite 13 → Lovos – Einfaches Leben

2. Regel 4 und 5

Seite 14 → Greenwashing

1. 1c, 2f, 3b, 4a, 5h, 6g, 7e, 8d

2. genau prüfen, was eine Aussage tatsächlich beinhaltet; darauf achten, was verschwiegen wird; überprüfen, ob etwas kontrolliert wird sich über die Gesetzeslage informieren

2. ▶ Hintergründe und Probleme

Seite 16 → Eine Erde für zu viele Menschen

1. Die Geschwindigkeit nimmt zu.

2. Der Auflauf lässt sich nicht problemlos von Deutschland nach Afrika transportieren. Eine bessere Verteilung von Lebensmitteln fängt damit an, dass arme Menschen mehr Lohn bekommen, um sich ihr Essen leisten zu können. Dabei würden Dinge, die sie produzieren (z. B. Kaffee oder Kleidung), für uns teurer werden.
Es geht nicht um überflüssige und nicht überflüssige Menschen, sondern darum, das, was da ist, gerecht zu verteilen und so zu nutzen, dass auch zukünftige Generationen noch etwas davon haben.
Dass alle Menschen so leben wie die armen Leute in Afrika, ist nicht gewollt. Dass alle so leben wie in Deutschland und anderen Industrieländern, ist auf Dauer nicht möglich. Also muss eine Zwischenlösung gefunden werden.

Seite 17 → Globale Erwärmung und Klimawandel

1. Klimaschutz bedeutet, dass die globale Erwärmung verhindert wird. Jede globale Klimaschutzmaßnahme wirkt sich positiv aus. Klimaanpassung bedeutet, dass Maßnahmen getroffen werden, um die Folgen des

LÖSUNGEN

Klimawandels abzumildern. Klimaanpassung wirkt sich lokal aus und kann nur von den Ländern betrieben werden, die über die entsprechenden Mittel verfügen.

2. Brasilien liegt ungefähr bei 2,3 t. Katar, die Vereinten Arabischen Emirate und Saudi Arabien haben die höchsten Emissionen pro Kopf. Indien und Indonesien liegen deutlich unter 2,3 t pro Kopf.

Informationen nach: https://de.statista.com/statistik/daten/studie/167877/umfrage/co-emissionen-nach-laendern-je-einwohner/ [Daten aus dem Jahr 2014]

Seite 18 → Umweltprobleme

2. Das Wiener Übereinkommen zum Schutz der Ozonschicht von 1985, das weltweit dafür sorgte, dass die schädlichen FCKW nicht mehr verwendet wurden, hat zu einer Erholung der Ozonschicht geführt.

Seite 19 → Ressourcen und Rohstoffe

1. **Erneuerbar:** z. B. Wind (Energieerzeugung), Sonne (Energieerzeugung); Wasser (Energieerzeugung), Erdwärme (Energieerzeugung), Holz (Energieerzeugung, Papierherstellung usw.), Dung (Energieerzeugung), Baumwolle (Kleidungsherstellung), Hanf (Kleidungsherstellung), Zuckerrohr (Energieerzeugung), Seide (Kleidungsherstellung).
Nicht erneuerbar: z. B. Steinkohle (Energieerzeugung), Braunkohle (Energieerzeugung), Erdöl (Energieerzeugung, Kunststoffherstellung), Erdgas (Energieerzeugung), Uran (Energieerzeugung), Tantal (Elektronikgeräte), Sand (Baustoff), Eisen (Stahlerzeugung), Torf (Gartenpflege), Phosphat (Nahrungsmittelindustrie).

2. Jeder nachwachsende Rohstoff kann knapp werden, wenn er schneller geerntet wird, als er nachwachsen kann, z. B. wenn mehr Wald gerodet wird, als in derselben Zeit nachwächst.

3. Das trifft z. B. auf Wasser zu.

4. einsparen, ersetzen, Neubildung fördern

Seite 20 → Müll

1. 611 kg Haushaltsmüll

2. Recycling spart Energie, die ansonsten zur Herstellung von neuen Produkten benötigt würde. Es ist daher das beste der drei Mittel für den Klimaschutz. Bei der Müllverbrennung wird CO_2 frei. Die Energie kann jedoch meist genutzt werden und dann werden fossile Energieträger eingespart. Damit wäre die Müllverbrennung klimaneutral. Weil auf Deponien zusätzlich klimaschädliche Gase entstehen, ist dies die schlechteste Lösung im Hinblick auf den Klimaschutz.

Seite 21 → Nachhaltigkeit

1. 1b, 2d, 3f, 4h, 5a, 6g, 7c, 8e

Seite 23 → Ökologischer Fußabdruck

1. Den Menschen stehen 1,78 (gerundet 1,8) Hektar pro Kopf an Bio-Kapazität zur Verfügung, er verbraucht jedoch im Durchschnitt 2,7 Hektar.

2. Bislang ist in noch keinem Bereich die Bio-Kapazität überschritten. Bei vielen ist es jedoch knapp (z. B. Ackerland). Weil jedoch Energiefläche benötigt wird, muss dennoch Fläche eingespart werden.

3. 1,4 Hektar pro Kopf wird als Energiefläche benötigt. Davon könnten z. B. 0,45 Hektar durch bestehenden Wald ausgeglichen werden und 0,03 durch die Aufforstung von Weideflächen geschaffen werden.

Seite 25 → Ökologischer Fußabdruck nach Ländern

1. Australien, Brasilien, China, Deutschland, Großbritannien, Kroatien, Russland, Saudi-Arabien, Türkei, USA; kleinster Fußabdruck = Bangladesch: 1,8 Hektar/0,62 x 7 Mrd. Menschen = 20,3 Mrd. Menschen; größter Fußabdruck = USA: 1,8 Hektar/8 x 7 Mrd. Menschen = 1,6 Mrd. Menschen

2. Bei reichen Ländern liegt der Fußabdruck in allen Bereichen höher, am stärksten jedoch im Bereich der Energieflächen.

LÖSUNGEN

Seite 26 → Bewertung von Umweltauswirkungen

1. Zum Beispiel: Wo wurde die Baumwolle angebaut? Wurden Pestizide verwendet? Wurde Dünger verwendet? Stammt die Energie aus fossilen Brennstoffen oder aus nachwachsenden Rohstoffen? Wo wurde es genäht? Wie wurde es transportiert? Womit wurde es gefärbt? Was für Substanzen gerieten dabei ins Wasser? ...

2. Bei jedem Waschen werden Energie, Waschmittel und Wasser verbraucht.

Seite 27 → Globalisierung

2. Weil Regierungen gewählt werden und somit viele Menschen demokratisch entscheiden, was getan wird. Konzerne hingegen nutzen Geld und Macht, um im eigenen Interesse zu entscheiden, was ihnen zu noch mehr Geld und Macht verhilft. Die Regierungen und somit das Volk verlieren an Einfluss.

Seite 28 → Niedriglohnländer

1. Bei der derzeitigen Praxis würden sie unterboten und die Arbeiter könnten arbeitslos werden.

2. Die Konzerne müssten zum einen für eine Verbesserung der Bedingungen zahlen und zum anderen diese auch überprüfen. Die beschriebene Auftragsvergabepraxis ist dazu ungeeignet.

Seite 29 → Medikamente für Reiche und Tests an Armen

1. Damit sich die Entwicklung eines Medikamentes lohnt, braucht man eine zahlungskräftige Kundschaft und das sind die Menschen in den Industrieländern. Für arme Menschen lohnt die Entwicklung von Medikamenten nicht, weil sie nicht genug für die Medikamente bezahlen können. Sie sind jedoch bereit, sich für wenig Geld für medizinische Versuche zur Verfügung zu stellen, auch wenn das möglicherweise mit negativen Folgen für ihre Gesundheit verbunden ist.

2. Nein, denn dadurch breitet sich Aids weiter aus und das wird am Ende auch wieder die Industrieländer treffen.

Seite 30 → Artensterben

1. Mögliche Maßnahmen: Klima- und Umweltschutz (Eisbären), Schutzgebiete einrichten (Yaks), nachhaltiger Anbau statt Sammeln (gelber Enzian), Feuchtwiesen erhalten und ökologische Bewirtschaftung (Fieberklee), Einfuhrverbot (Schlangenhalsschildkröte), Verlegung der Schiffsrouten und spezielle Netze (Nordkaper-Wal).

2. Hohe Kosten, Tiere lernen in der Gefangenschaft nicht das Verhalten, um in freier Wildbahn zu überleben, geschützte Lebensräume zur Auswilderung müssen existieren.

Seite 31 → Tierschutz

1. Weil als vernünftiger Grund all das angesehen wird, was dem Menschen irgendwie nützlich sein könnte.

Seite 32 → Tierversuche

2. Immer mehr Menschen lassen sich regelmäßig Botox spritzen. Je mehr davon verbraucht wird, desto mehr Mäuse müssen sterben, weil jede Einheit einzeln getestet wird.

3. ▷ Essen und Trinken

Seite 34 → Ökologische Landwirtschaft

2. • Durch die Auswahl widerstandsfähiger Sorten und passender Standorte, spezielle Bodenbearbeitung, Fruchtwechsel, Gründüngung und dem Einsatz natürlicher Pflanzenschutzmittel werden die Pflanzen geschützt und der Boden fruchtbarer gemacht.
   • Biologische Landwirtschaft ist arbeitsintensiver. Man braucht mehr Platz für Tiere und Pflanzen, um dieselben Erträge zu erhalten, Zusatzstoffe, welche die Produktion erleichtern, sind verboten, die Betriebskontrollen kosten Geld.

Seite 35 → Kauf von Bio-Produkten

3. In Bezug auf Herstellung und Kontrollen lassen sich die Kosten kaum senken. Wenn jedoch mehr Leute

LÖSUNGEN

Bio-Produkte kaufen würden und diese überall angeboten würden, ließen sich die Kosten für den Vertrieb und damit auch die für den Verbraucher reduzieren.

Seite 37/38 → Obst und Gemüse

Obst und Gemüse aus nahe gelegenen Anbaugebieten kaufen; das kaufen, was Saison hat; frische Ware bevorzugen und auf das Bio- und Fairtrade-Siegel achten.

Seite 39 → Drei gute Gründe, weniger Fleisch zu essen

2. Die Produktion von Fleisch und anderen tierischen Nahrungsmitteln ist eine sehr ineffiziente Art der Nahrungsmittelherstellung. Wenn weltweit der Fleischkonsum ansteigt, werden mehr Menschen hungern müssen, weil Flächen verbraucht werden, die andernfalls der Ernährung von erheblich mehr Menschen dienen könnten.

4. Es wäre besser für die Tiere, weil die Tierhaltung dann artgerecht wäre; es wäre besser für die Umwelt, weil weniger Dünger und Pestizide eingesetzt würden; es wäre gesünder, weil es für die meisten besser wäre, weniger Fleisch zu essen und das Fleisch nicht so stark mit Medikamenten und Wachstumsmitteln belastet wäre.

Seite 40 → Welcher Fisch darf auf den Tisch?

1. Die meisten Probleme betreffen den Artenschutz. Wenn größere Meeressäuger qualvoll in den Netzen verenden, so ist das auf jeden Fall auch eine Frage des Tierschutzes.

2. Eigentlich dürfte man nur noch Afrikanischen Wels, Hering und Karpfen essen und davon auch nur den Karpfen ausnahmslos. Für viele verbotene Fische gibt es jedoch bestimmte Ausnahmebedingungen, unter denen sie gegessen werden dürfen (z.B. aus bestimmten Gebieten oder mit bestimmten Fangmethoden). Manche Fische sind auch ganz tabu, z.B. der Dornhai.

Seite 42 → Milchprodukte

3. Das Leid der Kühe würde vermindert, aber die Herstellungskosten für Milch würden steigen. Milch und Milchprodukte würden für alle teurer werden.

Seite 43 → Die dunkle Seite der Schokolade

1. Weil sie gezwungen werden, zu arbeiten, und nicht einfach weggehen dürfen; weil sie kein Geld bekommen; weil sie verkauft wurden; weil sie ohne Einwilligung der Eltern, unter falschen Versprechungen, entführt wurden.

Seite 44 → Getränke

1. Mit **Wasser** aus dem Kran kann man gar nichts falsch machen. Es ist gesund, belastet die Umwelt am wenigsten, weil es unverpackt und auf kurzem Weg ins Haus gelangt, und wird auch nicht unter sozial problematischen Bedingungen hergestellt. Die **PET-Mehrwegflasche** ist umweltfreundlich, Cola ist jedoch in größeren Mengen nicht gesund und dem Coca-Cola-Konzern wird sowohl in Hinblick auf Umweltvergehen als auch in sozialer Hinsicht (schlechter Umgang mit Gewerkschaften, Unterstützung von Diktaturen) einiges vorgeworfen. Früchtetee ist fast so gut wie Wasser, muss allerdings erhitzt werden und hat deshalb eine etwas schlechtere Klimabilanz. Bei dem **australischen Wein** führt der weite Transportweg zu einer schlechten Klimabilanz und da er Alkohol enthält, ist er eher ungesund. Zur Sozialverträglichkeit kann man nichts sagen, solange man den Hersteller des Weins nicht kennt. **Bio-Apfelsaft** ist gesund und wenn er aus heimischen Äpfeln hergestellt wird, auch sozial verträglich. Wegen der Mehrwegflasche ist auch die Klimabilanz gut, es sei denn, der Apfelsaft stammt nicht aus der näheren Region. **Fairtrade-Orangensaft** ist gesund und sozialverträglich. Oft sind Fairtrade-Produkte auch ohne menschen- und umweltbelastende Chemikalien produziert worden. Weil er aus Konzentrat hergestellt und in Deutschland abgefüllt wird, hält sich der Energieaufwand trotz des weiten Weges in Grenzen. Der Getränkekarton ist jedoch ökologisch schlechter zu bewerten als eine Mehrweg-Verpackung. **Lokales Bier** ist sozial verträglich, wegen des Alkoholgehaltes aber eher ungesund. Die Dosenverpackung ist umwelt-

LÖSUNGEN

belastender als eine Mehrwegverpackung. Weil das Bier aus der Umgebung kommt, hat es einen kurzen Transportweg, was in Hinblick auf die Klimabilanz gut ist.

Seite 45/46 → Vegetarier und Veganer

1. Eine vegetarische Ernährung ist gesund und gut für die Tiere, die ansonsten geschlachtet würden. Hühner und Milchkühe profitieren nicht. Für die Umwelt ist sie nicht besser, wenn das Fleisch durch andere tierische Produkte, wie Eier und Käse, ersetzt wird. Eine vegane Ernährung schützt alle Tiere vor Leid und ist sehr gut für die Umwelt und das Klima, da die Nahrungsmittel mit geringem Energieaufwand produziert werden können. Wenn man sich jedoch nicht sehr bewusst ernährt, besteht bei dieser Form der Ernährung die Gefahr von Mangelerscheinungen.

3. Zum einen werden Fische nicht in Massentierhaltung gehalten, müssen also im Laufe ihres Lebens nicht dafür leiden, dass sie uns als Nahrung dienen. Zum anderen sind Fische uns sehr viel weniger ähnlich als Säugetiere, weshalb die Hemmschwelle, sie zu töten, geringer ist. Dabei sollte man jedoch nicht vergessen, dass bei der Fischerei auch viele Vögel und Meeressäuger als Beifang in den Netzen landen und qualvoll verenden, mal abgesehen davon, dass aufgrund der Überfischung und ökologisch bedenklicher Fangmethoden auch Fischkonsum keineswegs unbedenklich ist. (vgl. S. 40 – Welcher Fisch darf auf den Tisch?)

Seite 47 → Lebensmitteleinkauf

2. Klimaschonend sind vor allem pflanzliche Lebensmittel. Frische Ware ist besser als Tiefkühlkost oder Konserven. Ob ein Lebensmittel Bioware ist, macht im Hinblick auf Klimaschutz nur einen geringen Unterschied aus.

3. Auch wenn man das Gegenteil annehmen würde, Einkauf 1 schneidet mit 6186 g CO_2-Äquivalenten schlechter ab als Einkauf 2 mit 5388,5 g CO_2-Äquivalenten. Schuld sind die pupsenden Rinder!

4. ▷▷ Körperpflege, Gesundheit, Kleidung und Haushalt

Seite 51 → Problematische Aspekte von Kosmetik

1. Sonnenblumen- und Rapsöl wird nicht in den Tropen angebaut. Das Problem wird so also umgangen. Wenn jedoch alle Menschen auf diese Öle umsteigen würden, könnten die großen Mengen nicht gedeckt werden und es würden ähnliche Probleme entstehen wie beim Palmöl. Bio- und Fairtrade-Palmöl trägt jedoch zur Lösung des Problems bei, auch wenn es teurer ist als andere Öle.

2. Weil Kosmetik nicht lebensnotwendig ist und es bereits viele Stoffe gibt, die getestet wurden und gut verträglich sind. Neue Stoffe zu testen, ist daher nicht zwingend nötig. Bei der medizinischen Forschung besteht hingegen noch ein großer Bedarf nach neuen Medikamenten. Außerdem geht es hier um Krankheiten, die oft schwer und lebensbedrohlich sind, was den Einsatz von Tierleben eher rechtfertigt als ein neuer Lippenstift.

Seite 54 → Impfungen

1. Impfmüdigkeit bedeutet, dass die Leute sich nicht impfen lassen, weil ihnen die Gefahr der Krankheiten nicht bewusst ist. Impfkritik bedeutet, dass Leute sich nicht impfen lassen, weil sie Impfungen entweder für gefährlich oder für nutzlos halten.

Seite 57/58 → Rohstoffe für Kleidung

2. Kosten, Aussehen, Umweltbilanz, Herstellungsbedingungen, Schadstoffbelastung

Seite 59/60 → Siegel für saubere und faire Kleidung

2. a), d)

Seite 61/62 → Wohin mit den Altkleidern?

2. • weil bedürftige Menschen sich über Kleidung freuen und sie nutzen.
   • weil Sammlungen direkt oder indirekt sozialen Zwecken dienen.

LÖSUNGEN

• weil es eine Verschwendung von Ressourcen ist, verwendbare Kleidung in den Müll zu werfen.

Seite 63 – Leder und Pelz

4. Dafür spricht, dass kein Tier leiden muss und er genauso schick ist wie ein echter Pelz. Dass er von einem echten Pelz kaum zu unterscheiden ist, spricht jedoch auch dagegen, ihn zu tragen. Weil keiner erkennt, dass der Pelz nicht echt ist, wird grundsätzlich vermittelt, dass es in Ordnung ist, Pelze zu tragen.

Seite 64 → Der Blaue Engel

1. Babyphone – weil strahlungsarm, Omnibus – weil lärmarm und schadstoffarm, Papiertaschentücher – weil aus 100 % Altpapier, Computer – weil energiesparend und geräuscharm, Pflanzentöpfe – weil kompostierbar, Taschenrechner – weil solarbetrieben, Wandfarbe – weil emissionsarm, Batterien – weil wiederaufladbar und schadstoffarm, Regal – weil aus Recycling-Kunststoffen

3. Ja, denn die Prüfung des Produktes kostet Geld. Durch das Umweltzeichen erhält das Produkt einen Wettbewerbsvorteil.

Seite 65/66 → Handys, Computer und Internet

1. **fair:** Rohstoffe nicht von Kriegsparteien, faire Löhne und Arbeitsbedingungen beim Hersteller
umweltfreundlich: gut zu reparieren, langlebig, schadstoffarm, Rohstoffgewinnung ohne Umweltzerstörung, energiesparend

Seite 67 → Frischfaserpapier und Altpapier

1. Der Blaue Engel ist auf jeden Fall besser, denn wenn Altpapier verwendet wird, muss gar kein Holz eingeschlagen werden und das schont die Natur am meisten. Außerdem sind der Energie-, Wasser- und Chemikalienverbrauch geringer als bei Frischfaserpapier.

2. Das Siegel ist irreführend, weil Altpapier besser ist als chlorfrei gebleichtes Papier und Tropenholz sowieso ungeeignet für die Papierherstellung ist.

Seite 70 → Leitungswasser

2. Abgesehen vom Trinken und Kochen, kann auch Regenwasser verwendet werden. Für die Toilettenspülung tut es auch Abwasser vom Waschen oder Duschen.

3. Es spart Energie und Verpackung, macht nicht dick und ist unschädlich für die Zähne.

Seite 71 → Trinkwasser sparen

1. Liter pro Tag: Marie: 68,6; Tim 9; Moritz: 4,4; Dunja: 4,3; Lukas: 5,1; Robin: 24; Lina: 10.

2. Dort, wo warmes Wasser benötigt wird, bedeutet Wasserersparnis auch gleichzeitig eine Energieersparnis für das Erhitzen des Wassers, also beim Duschen, Baden, Zähneputzen und Geschirrspülen.

Seite 72 → Wäsche waschen

1. Müller: 22,3 kWh, 96 l, 9,60 €
Meier: 5,5 kWh, 72 l, 4,06 €
Schulze: 15,6 kWh, 48 l, 6,05 €

Seite 73/74 → Richtig putzen

2. Weil neue Chemikalien in Putzmitteln in Tierversuchen getestet werden müssen und auch ihre Wirkung auf die Umwelt möglicherweise noch nicht so gut erforscht wurde wie bei älteren Mitteln.

5. Die Inhaltsstoffe sind bekannt (gut für Allergiker). Sie enthalten keine gefährlichen Inhaltsstoffe, die die Umwelt schädigen. Es werden Transportwege und Energie eingespart. Wer seine Flaschen mehrfach befüllt, spart darüber hinaus Verpackungsmaterial und Müll.

Seite 75/76 → Energiespar-Quiz

1b, 2a, 3a, 4c, 5c, 6c, 7b, 8c, 9a, 10b, 11a, 12b, 13b, 14d, 15c

LÖSUNGEN

Seite 77 → Den richtigen Strom einkaufen

1. Der Druck, neue Ökostromanlagen zu bauen, wächst, und das ist das Ziel.

2. Nur bei unabhängigen Unternehmen wird das eingenommene Geld auch wirklich wieder in regenerative Energie und klimafreundliche Technologie investiert.

Seite 79 → Ökologische Gartentipps

2. Wegen des Artenreichtums und der ökologischen Vielfalt.

3. Laubbläser machen Lärm und auch vor kleinen Tieren nicht halt, Gartenzäune bieten im Vergleich zu Hecken und Natursteinmauern keinerlei Lebensraum für kleine Tiere und Umgraben stört die Bodenlebewesen.

Seite 80/81 → Welcher Müll kommt wohin?

2. Zum einen weil Rohstoffe wiederverwendet werden können, wenn sie recycelt werden (z. B. Glas, Papier, Metall, Rohstoffe in Elektroartikeln), und beim Recycling meist auch Energie gespart wird zum anderen weil giftige Stoffe im Hausmüll Schaden anrichten und deshalb fachgerecht entsorgt werden sollten (z. B. Inhaltsstoffe von Energiesparlampen und Batterien oder Lacke und Lösungsmittel).

Seite 82 → Plastikmüll

2. Weil bei einer kostenlosen Abgabe die Gefahr besteht, dass auch diese Taschen nur einmal benutzt und dann entsorgt werden, was Energie- und rohstofftechnisch möglicherweise noch belastender ist als der Einmalgebrauch von Plastiktüten.

Seite 83/84 → Wegwerfgesellschaft

1. Unter nachhaltigem Konsum versteht man, dass ein Produkt haltbar oder zu reparieren ist, möglichst wenig Rohstoffe und Energie verbraucht werden, wenig Müll produziert wird und es umwelt- (Bio) und sozialverträglich (FairTrade) ist.

2. Wer nachhaltig konsumiert, gibt nicht weniger Geld aus, als wer ständig neue Billigprodukte kauft. Wer tatsächlich auf Dinge verzichtet, kann das Geld stattdessen für Dienstleistungen ausgeben (Essen gehen, Haare schneiden, sich Freizeit schaffen, indem man jemanden im Haus und Garten arbeiten lässt etc.). Auch das schafft Arbeitsplätze und kurbelt die Wirtschaft an.

5. ▸▸ Freizeit, Reisen und Engagement

Seite 86 → Auf das Auto verzichten

1. Die Menschen nutzen schnellere Verkehrsmittel offensichtlich nicht, um mehr Zeit für andere Dinge zu haben, sondern um andere Möglichkeiten wahrzunehmen, z. B. in einer anderen Stadt zu arbeiten oder einzukaufen.

Seite 88 → Verreisen

3. Zeit, Bequemlichkeit, Preis, Verkehrsanbindung, Gewohnheit, Gepäck, Anzahl der Personen

Seite 94 → Aktionen von Nichtregierungsorganisationen

3. Greenpeace ist eine internationale Organisation, der BUND eine deutsche. Greenpeace konzentriert sich auf wenige publikumswirksame Probleme, der BUND deckt einen größeren Bereich ab. Greenpeace vertritt radikalere Positionen und protestiert stärker, während der BUND auch Beratungsfunktion hat.

Seite 96 → Geld anlegen

Das Sprichwort besagt, dass Geld wichtig ist, wenn es einem guten Zweck dienen kann. Wer hingegen sein Tun von der Möglichkeit, Geld zu verdienen abhängig macht, lebt verkehrt.

LITERATURTIPPS

Berg, Christian/Hartung, Manuel J.:
Welt retten für Einsteiger.
30 Gründe für ein gutes Gewissen.
DTV, 2007. ISBN 978-3-423-24649-1

Gebhard- Eßer, Ute:
Generation Globalisierung.
Nachhaltigkeit im pädagogischen Alltag.
Oekom, 2013. ISBN 978-3-86581-400-5

Kaller, Nunu:
Ich kauf nix.
Wie ich durch Shopping-Diät glücklich wurde.
Kiepenheuer & Witsch, 2013. ISBN 978-3-462-04589-5

Klein, Naomi:
No Logo!
Der Kampf der Global Players um die Markenmacht.
Fischer Taschenbuch, 2015. ISBN 978-3596031276

Korn, Wolfgang:
Die Weltreise einer Fleece-Weste.
Eine kleine Geschichte über die große Globalisierung.
Blommsbury, 2009. ISBN 978-3-8270-5387-9

Krautwaschel, Sandra:
Plastikfreie Zone.
Wie es meine Familie schafft, fast ohne Kunststoff zu leben.
Heyne, 2012. ISBN 978-3-453-60229-8

Le Monde diplomatique (Hrsg.):
Atlas der Globalisierung. Weniger wird mehr.
TAZ, 2015. ISBN 978-3-937683-57-7

Schill, Sarah:
Anständig leben.
Mein Selbstversuch rund um Massenkonsum, Plastikmüll und glückliche Schweine.
Südwest-Verlag, 2014. ISBN 978-3-517-08991-1

Schüppel, Katrin:
Themenhefte Erdkunde. Klimawandel.
Verlag an der Ruhr, 2015. ISBN 978-3-8346-2929-6

Weiss, Hans/Werner-Lobo, Klaus:
Schwarzbuch Markenfirmen.
Die Welt im Griff der Konzerne.
Ullstein, 2016. ISBN 978-3-548-37618-9

INTERNETTIPPS[3]

www.aerzte-gegen-tierversuche.de
Auf dieser Seite findest du Informationen zu Tierversuchen und eine Datenbank zu in Deutschland durchgeführten Tierversuchen.

www.amnesty.de
Hier findest du die Seite der internationalen Menschenrechtsorganisation Amnesty International.

www.amnesty-jugend.de
Informieren und mitmachen in den Jugendgruppen von Amnesty International.

www.atmosfair.de
Auf dieser Webseite kannst du ausrechnen, welchen Klimaschaden ein Flug anrichtet, und dafür einen Ausgleich bezahlen.

www.attac.de
Deutsche Webseite des internationalen globalisierungskritischen Netzwerkes Attac.

www.bio-siegel.de
Webseite des Bundesministeriums für Ernährung, Landwirtschaft und Verbraucherschutz mit aktuellsten Informationen aus der Biobranche. Informationen für Verbraucher, Porträts ökologisch produzierender Unternehmen und Aktuelles über das Studium der Agrarwissenschaften.

www.blauer-engel.de
Webseite des 1978 gegründeten Vereins, der umweltfreundliche Produkte auszeichnet. Enthält eine Zusammenstellung von ökologisch empfehlenswerten Produkten von A–Z.

www.bukopharma.de
Hier findest du Informationen über Aktivitäten der Pharmaindustrie in der Dritten Welt.

www.bund.net
Webseiten des Vereins BUND für Umwelt und Naturschutz Deutschland.

www.bzga.de
Webseite der Bundeszentrale für gesundheitliche Aufklärung.

www.dgb.de
Homepage des Deutschen Gewerkschaftsbundes. Hier kannst du dich unter anderem über Mitbestimmung im Betrieb und den Mindestlohn informieren.

www.drk-blutspende.de
Webseite des Deutschen Roten Kreuzes mit Informationen zur Blutspende.

www.dzi.de
Die Webseite des Deutschen Zentralinstituts für soziale Fragen: Bei den von diesem Institut ausgezeichneten gemeinnützigen Organisationen kann man sich sicher sein, dass das gespendete Geld auch wirklich dort ankommt, wo es am nötigsten gebraucht wird.

www.ecotopten.de
Auf diesem Internetportal für Nachhaltigkeit findest du Informationen rund um ein ökobewusstes Leben.

www.einfach-natuerlich.de
Webseite, die unter anderem eine Sammlung altbewährter, natürlicher Rezepte und Tipps für Gesundheit, Garten und Haushalt enthält.

www.fairtrade-deutschland.de
Webseite des gemeinnützigen Vereins Transfair, der sich für einen fairen weltweiten Handel starkmacht. Viele Informationen über die betroffenen Menschen und gehandelte Produkte.

www.fairwear.org
Englischsprachige Webseiten der Fair Wear Foundation.

www.footprint-deutschland.de/inhalt/berechne-deinen-fussabdruck
Hier kann man den persönlichen ökologischen Fußabdruck berechnen.

---

[3] Die in diesem Werk angegebenen Internetadressen haben wir geprüft (Stand November 2016).
Da sich Internetadressen und deren Inhalte schnell verändern können, ist nicht auszuschließen, dass unter einer Adresse inzwischen ein ganz anderer Inhalt angeboten wird. Wir können daher für die angegebenen Internetseiten keine Verantwortung übernehmen.

INTERNETTIPPS

www.footprintnetwork.org
Englischsprachige Webseite des Global Footprint Network mit vielen Informationen zum „ökologischen Fußabdruck".

http://forum-waschen.de
Auf der Webseite der Initiative FORUM WASCHEN erhältst du Tipps und Tricks rund um nachhaltiges Handeln beim Waschen, Spülen und Reinigen.

www.gepa.de
Hier findest du Informationen über den größten europäischen Importeur fair gehandelter Produkte.

www.global-standard.org/de
Informationen zum GOTS-Standard bei Textilien.

www.greenpeace.de
Hier findest du Informationen der Umweltorganisation Greenpeace.

www.greenpeace-jugend.de
Informieren und aktiv werden in den Jugendgruppen von Greenpeace.

www.gruener-Punkt.de
Die Webseite mit Informationen zum Dualen System in Deutschland.

www.ijgd.de
Die Webseite der Internationalen Jugendgemeinschaftsdienste: Warum nicht einmal die Ferien mit gemeinnütziger Arbeit im In- und Ausland verbringen?

www.jugendtierschutz.de
Aktuelles rund um den Tierschutz für jugendliche Tierfreunde, die sich über Tiere und Möglichkeiten, ihnen zu helfen, erkundigen wollen.

www.kuhplusdu.de/
Kampagne der Welttierschutzgesellschaft zum Thema Milchviehhaltung.

www.lebensmittelverschwendung.de/
Portal rund um das Thema Lebensmittelverschwendung.

www.msc.org
Auf der Webseite des Marine Stewardship Councils kannst du dich über das Thema „nachhaltige Fischerei" informieren.

www.nabu.de
Auf den Webseiten des Naturschutzbundes Deutschland e. V. erhältst du Tipps, wie du dich für den Naturschutz engagieren kannst.

www.naturtextil.de
Internationaler Verband der Naturtextilwirtschaft e. V. mit Informationen zum IVN-BEST-Siegel.

www.oekosiedlungen.de
Ein Internetportal, das eine Zusammenstellung sämtlicher in Deutschland verwirklichter Siedlungen mit ökologischen und nachhaltigen Zielsetzungen enthält.

www.oeko-tex.com
Informationen zum OEKO-TEX-Standard.

www.oikocredit.de
Webseite der Entwicklungsgenossenschaft Oikokredit: Hier können Anleger zu einem jährlichen Zinssatz Geld anlegen, das von der Bank ausschließlich als faire Kleinkredite weiterverliehen wird.

www.peta.de
Deutsche Webseiten der Tierrechtsorganisation PETA Deutschland e. V.

www.plan.de
Webseite der internationalen Kinderhilfsorganisation, die sich für Kinderrechte, insbesondere in Entwicklungsländern, starkmacht.

www.pro-fsj.de
Webseite mit Informationen über das freiwillige soziale Jahr.

www.saubere-kleidung.de
Deutsche Seite des internationalen Netzwerkes „Kampagne für Saubere Kleidung" (Clean Clothes Campaign = CCC). Sie kämpfen gegen Unterdrückung, Ausbeutung und Missbrauch der Arbeiter in der Sportartikel- und Bekleidungsindustrie.

INTERNETTIPPS

www.strom-magazin.de
Das Online-Magazin liefert dir wertvolle Stromspartipps, einen Stromrechner und Informationen zum Stromanbieterwechsel.

http://tierrechtskochbuch.de
Die Initiative für Tierrechte bietet auf ihrer Webseite Informationen und Rezepte für den veganen Alltag, ganz ohne Tier.

www.tierschutzbund.de
Webseiten des Deutschen Tierschutzbundes e. V. (Dachorganisation der Tierschutzvereine und Tierheime).

www.umweltbundesamt.de/publikationen/computer-internet-co
Broschüre des Umweltbundesamtes zur nachhaltigen Computer- und Handynutzung.

www.un.org/esa/
Englischsprachige Webseite der UN mit zahlreichen Informationen zu den Themen Weltbevölkerungswachstum, Menschenrechte und internationaler Handel.

www.utopia.de
Eine Webseite, die dich über die Themen „strategischer Konsum" und „nachhaltiger Lebensstil" informiert.

www.was-steht-auf-dem-ei.de
Die Webseite des Vereins für kontrollierte alternative Tierhaltungsformen e. V. beantwortet Fragen rund um die Kennzeichnung von Eiern.

www.weltbevoelkerung.de
Die Webseite der Deutschen Stiftung Weltbevölkerung mit Weltbevölkerungsuhr. Sie berechnet den Zuwachs der Weltbevölkerung pro Sekunde, mit Unterrichtsmaterialien und Projektideen.

www.wwf.de
Deutsche Webseiten des World Wildlife Fund (internationale Naturschutzorganisation) mit Schwerpunkt Artenschutz und einer Datenbank gefährdeter Arten.

www.zkrd.de
Die Webseite des Zentralen Knochenmarkregisters Deutschland mit zahlreichen Informationen zur Knochenmarkspende.

Weitere Informationen und Blick ins Buch unter **www.verlagruhr.de**

Verlag an der Ruhr
Keiner darf zurückbleiben

Richtig beginnen in Ausbildung und Praktikum
Vom ersten Eindruck bis zur Lösung von Konflikten. Arbeitsblätter für Jugendliche

Klasse 7–10, 96 S., A4, Paperback
Best.-Nr. 978-3-8346-2777-3

- Fertige Kopiervorlagen zur Ausbildungsvorbereitung
- Typische Situationen gezielt üben
- Fettnäpfchen vermeiden und sich angemessen verhalten

Welche Ausbildung passt zu mir?
Die Spielesammlung zur Berufswahl

Klasse 7–10, Spielesammlung: Anleitungsbuch mit Arbeitsblättern (96 S. A4), 2 Spielpläne, umfangreiches Spielmaterial, in Spielekarton
Best.-Nr. 978-3-8346-2627-1

- Berufsorientierung mal anders: der „Ernst des Lebens" spielerisch
- Mit Spielen die eigenen Fähigkeiten entdecken und Berufsbilder kennenlernen
- Komplettpaket: Die Spiele und Materialien decken die gesamte Berufsorientierung ab

30 x 45 Minuten
Geschichte
Fertige Stundenbilder für Highlights zwischendurch. Klasse 5–10

Klasse 5–10, 128 S., A4, Paperback
Best.-Nr. 978-3-8346-2930-2

- Fertig ausgearbeitete Stundenbilder für außergewöhnliche Unterrichtseinheiten sorgen für Highlights im Geschichtsunterricht
- Geeignet zum Einstieg in neue Reihen, zur Vertiefung von Lehrplanthemen oder auch als ungewöhnlicher Abschluss einer Einheit

Nationalsozialismus und Zweiter Weltkrieg im Geschichtsunterricht
Differenzierte Materialien für die Sekundarstufe

Klasse 8–10, 88 S., A4, Paperback
Best.-Nr. 978-3-8346-2520-5

- Thematisiert alle wichtigen Leitfragen rund um den Nationalsozialismus und den Zweiten Weltkrieg
- Fertig ausgearbeitete Unterrichtssequenzen mit didaktischen Hinweisen sowie kopierfertigen Arbeitsblättern und Materialseiten

Themenhefte Erdkunde
Klimawandel

Klasse 7–10, 48 S., A4, Heft
Best.-Nr. 978-3-8346-2929-6

- Kompakte Aufbereitung des Lehrplanthemas in einem Heft
- Fundierte Hintergrundinfos und abwechslungsreiche Aufgaben zu Ursachen und Folgen des Klimawandels sowie Handlungsmöglichkeiten im Alltag
- Kopierfertige Arbeitsblätter mit Lösungen zum schnellen Einsatz im Unterricht

Spiele zur Unterrichtsgestaltung
Erdkunde

Klasse 5–13, 112 S., A4, Paperback
Best.-Nr. 978-3-8346-2281-5

- Der fünfte Band der erfolgreichen Reihe
- Spiele-Fundgrube vom Klassiker „Stadt-Land-Fluss" bis hin zu modernsten Konzepten, wie „Thinking Trough Geography"
- Flexibler Einsatz für unterschiedliche Unterrichtsphasen, verschiedene Niveaustufen und beliebige Sachthemen

Mehr Informationen unter: www.verlagruhr.de Jetzt portofrei online bestellen!
*gilt für alle Internetbestellungen innerhalb Deutschlands

Weitere Informationen und Blick ins Buch unter www.verlagruhr.de

Verlag an der Ruhr
Keiner darf zurückbleiben

Appetizer Philosophie
Ideen und Materialien für themenorientierte Stundeneinstiege

5–13, 272 S., 17 x 24 cm, Paperback
Best.-Nr. 978-3-8346-2631-8

- Motivierende Unterrichtseinstiege jenseits des Schulbuchs, mit denen Sie die Aufmerksamkeit Ihrer Schüler sofort bekommen
- Für einen frischen und unkonventionellen Start in den Unterricht

30 x 90 Minuten
Philosophie/Ethik
Fertige Stundenbilder für Highlights zwischendurch. Klasse 7–10

Klasse 7–10, 144 S., A4, Paperback
Best.-Nr. 978-3-8346-2525-0

- Fertig ausgearbeitete Stundenbilder für außergewöhnliche Unterrichtseinheiten sorgen für Highlights im Philosophie- und Ethikunterricht
- Inklusive Kopiervorlagen

Themenhefte Philosophie
Altern, Sterben, Tod

Klasse 9–10, 48 S., A4, Heft
Best.-Nr. 978-3-8346-2771-1

- Kopierfertige Arbeitsblätter zum schnellen und mühelosen Einsatz im Unterricht
- Das ganze Lehrplanthema kompakt in einem Heft
- Fundierte Hintergrundinfos und klassische philosophische Positionen, für die Schüler verständlich aufbereitet

Themenhefte Religion
Sekten und neue Weltdeutungen

Klasse 7–10, 40 S., A4, Heft
Best.-Nr. 978-3-8346-2527-4

- Kompakte Aufbereitung des Lehrplanthemas in einem Heft
- Kopierfertige Arbeitsblätter mit Lösungen zum schnellen und mühelosen Einsatz im Unterricht
- Erleichtert den Schülern durch verständliche Hintergrundinfos und abwechslungsreiche Aufgaben den Zugang zum Thema

Themenhefte Religion
Jesus

Klasse 5–10, 40 S., A4, Heft
Best.-Nr. 978-3-8346-2526-7

- Kompakte Aufbereitung des Lehrplanthemas in einem Heft
- Kopierfertige Arbeitsblätter mit Lösungen zum schnellen und mühelosen Einsatz im Unterricht
- Erleichtert den Schülern durch verständliche Hintergrundinfos und abwechslungsreiche Aufgaben den Zugang zum Thema

Grundkenntnisse Christentum
Kopiervorlagen für die Sekundarstufe I – zweifach differenziert

Klasse 5–10, 128 S., A4, Paperback
Best.-Nr. 978-3-8346-2928-9

- Das Christentum anschaulich, greifbar und lebendig erklärt
- Sowohl im evangelischen als auch im katholischen Religionsunterricht einsetzbar
- Zweifach differenzierte Arbeitsblätter für verschiedene Alters- und Leistungsniveaus
- Umfasst alle Jahrgangsstufen der Sek I in einem Band

Mehr Informationen unter: www.verlagruhr.de Jetzt portofrei online bestellen!*

*gilt für alle Internetbestellungen innerhalb Deutschlands